한국관광공사

필기시험 모의고사

-일반직5급-

제1회	영 역	직업기초능력평가 (의사소통능력, 수리능력, 문제해결능력, 자원관리능력) 직무수행능력평가(경영학)
	문항수	40문항, 40문항
	시 간	90분
	비 고	객관식 5지선다형

SEOWONGAK
(주)서원각

>> **직업기초능력평가**

1 다음 내용은 VOC(Voice Of Customer : 고객의 소리)의 일부 사례로써 병원 측과 환자 측과의 대화를 나타낸 것이다. 이로 미루어 보아 가장 옳지 않은 설명을 고르면?

> ㉮ 물리치료센터
>
> 환자 : 처음에는 뜨거운 물로 치료를 해 줬으나 이제는 그렇게 치료하지 않더군요. 물리치료사에게 물어보니 치료를 뜨겁게 생각하는 분들이 많이 없었다고 했습니다. 하지만 저처럼 뜨거운 물을 이용한 치료를 원하는 고객들이 많을 테니 치료 자체를 없애는 대신 두꺼운 수건을 깔아서 문제를 해결했으면 좋았을 것이라 생각합니다. 조금 더 고객의 마음을 헤아려줬으면 좋겠습니다.
>
> 병원 : 앞으로는 치료 자체를 없애기보다는 그것을 개선시키는 방향을 택하도록 노력하겠습니다.
>
> ㉯ 진료 과정
>
> 환자 : 다른 병원에서 무릎 치료에 실패하고 지인의 소개로 XX 병원에 방문했습니다. 오른쪽 다리뿐만 아니라 왼쪽 다리에도 문제가 있어서 두 쪽 다 수술 받기를 원했지만 아직은 왼쪽 다리 수술이 필요 없다는 진단을 들었습니다. 결국 왼쪽 다리에는 주사 시술만 받은 후 수영 등 무릎 건강에 도움이 된다는 운동을 해봤습니다. 하지만 전혀 개선이 되지 않더군요. 오른쪽 다리 수술을 할 때 같이 왼쪽 다리도 수술해 주셨으면 좋았을 겁니다.
>
> 병원 : XX 병원은 무조건 수술을 권유하지 않고, 고객의 상태를 고려한 맞춤 치료를 진행합니다. 하지만 고객님의 의견을 마음에 새겨 진료 프로세스에 적극적으로 반영하겠습니다.
>
> ㉰ 건강검진센터
>
> 환자 : 대기하고 있을 때 피검사, 엑스레이 검사 등을 미리 해주면 좋을 텐데 시간이 닥쳐서 검사를 시작하니까 대기 시간이 길어집니다. 심지어 오전 11시에 와서 오후 6시에 검사가 끝난 적도 있었습니다. 점심시간이 걸리고, 제 차례가 됐을 때가 돼서야 피검사를 하라고 하니 검사 결과가 나오는 데는 또 한 시간이 이상이 걸리더군요. 고객이 오면 자기 차례가 됐을 때 신속하게 검사가 진행되길 바랍니다.
>
> 병원 : 앞으로 건강검진센터는 자체적인 진료 프로세스를 만들어 고객님들의 대기 시간을 줄일 수 있도록 노력하겠습니다.

① 환자들의 요구사항을 충족시키는 방법에 대해서 신뢰할 수 있는 정확한 정보는 오직 환자만이 줄 수 있다는 것을 알 수 있다.

② 환자들의 불만을 접수하면서 병원경영혁신의 기초자료로 서비스 제공을 위한 예상 밖의 아이디어를 얻을 수 있다.

③ 환자 측과의 접점에서 그들의 니즈에 기초한 표준화 된 대응의 서비스가 가능하다.

④ 환자 측의 불편사항을 추후에 개선이 될 수 있게 만드는 연결 통로가 된다.

⑤ 환자 측의 요구사항을 잘 처리해도 그들의 만족도는 낮고 환자 측과의 관계유지는 더욱 악화될 것이다.

2 아래의 제시된 글을 읽고 ㉠과 ㉡에 대한 설명으로 적절하지 않은 것을 고르면?

> 김춘수와 김수영은 대척되는 위치에서 한국 시의 현대성을 심화시킨 시인들이다. 김춘수는 순수시론의 일종인 ㉠ 무의미시론으로 새로운 해체시를 열어젖혔고, 김수영은 '온몸의 시학'으로 알려진 ㉡ 참여시론으로 현실참여시의 태두가 되었다. 비슷한 시기에 태어나 활동했던 두 시인은 개인의 자유와 실존이 위협을 받던 1960년대의 시대 현실을 비판적으로 인식하고 각자의 실존 의식과 윤리관을 예각화하면서 시적 언어와 창작 방법에 대한 성찰을 제시하였다. 하지만 두 모더니스트가 선택한 미학적 실험은 그 방향이 사뭇 달랐다.
>
> 김춘수는 「꽃」과 같은 자신의 1950년대 시가 '관념에의 기갈'에 사로잡혀 있었다고 진단한다. 그 결과 시적 언어는 제 구실의 가장 좁은 한계, 즉 관념과 의미 전달의 수단에 한정되었고 시는 대상의 재현과 모방에 머물렀다는 것이다. 추상적인 관념을 전달하는 이미지·비유·상징과 같은 수사에 대한 집착은 이런 맥락과 관련이 깊다. 하지만 김춘수는 말의 피안에 있는 관념이나 개인의 실존을 짓누르는 이데올로기로 인해 공포를 느꼈다. 이 공포에서 벗어나 자아를 보존하려는 충동이 그를 '생의 구원'으로서의 시 쓰기로 이끈 것이다. 그 방법으로 김춘수는 언어와 이미지의 유희, 즉 기의(記意) 없는 기표(記標)의 실험을 시도하였다. 기의에서 해방된 기표의 유희는 시와 체험, 시와 현실의 연속성을 끊는 것은 물론 역사 현실과 화해할 수 없는 자율적인 시를 만드는 원천이라고 믿었기 때문이다. 이 믿음은 비유와 상징은 물론 특정한 대상을 떠올리게 하는 이미지까지 시에서 배제하는 기법 및 형식 실험으로 이어졌다.

구체적으로 그는 이미지를 끊임없이 새로운 이미지로 대체하여 의미를 덧씌울 중심 대상을 붕괴시키고, 마침내 대상이 없는 이미지 그 자체가 대상이 되게 함으로써 무의미상태에 도달하고자 했다. 물론 대상의 구속에서 벗어나 자유를 얻는 과정에는 창작자의 의식과 의도가 개입해야 한다. 이 점에서 무의미시는 인간의 무의식을 강조한 초현실주의와 차이가 있지만 자유연상 혹은 자동기술과 예술적 효과가 흡사한 결과를 얻을 수 있었다.

한편 김춘수는 언어 기호를 음소 단위로까지 분해하거나 시적 언어를 주문이나 염불 소리 같은 리듬 혹은 소리 이미지에 근접시키기도 하였다. 김춘수의 「처용단장」 제2부는 이런 시적 실험들의 진면목을 드러낸 작품이다. 김춘수에게 시 쓰기란 현실로 인해 빚어진 내면의 고뇌와 개인적 실존의 위기를 벗어던지고 자신의 생을 구원하는 현실 도피의 길이었다. 이와 달리 김수영에게 시 쓰기란 자유를 억압하는 군사 정권과 대결하고 정치적 자유의 이행을 촉구하며 공동체의 운명을 노래하는 것이었다.

4.19 직후의 풍자시는 참여시 실험을 알리는 신호탄이었던 셈이다. 참여시론의 핵심은 진정한 자유의 이행을 위해 '온몸으로 온몸을 밀고나가는 것'이란 모순어법으로 집약된다. 이는 내용과 형식은 별개가 아니며 시인의 사상과 감성을 생활(현실) 속에서 언어로 표현할 때 그것이 바로 시의 형식이 된다는 의미이다.

그런 까닭에 시의 현대성은 실험적 기법의 우열보다는 현실에 대해 고민하는 시인의 양심에서 찾아야 한다. 물론 김수영도 김춘수가 추구한 무의미시의 의의를 일부 인정했다. 그 역시 '무의미'란 의미 너머를 지향하는 욕망, 즉 우리 눈에 보이는 것 이상을 보려는 것이고 시와 세계의 화해 불가능성을 드러내려는 것이라고 생각했다. 하지만 그는 김춘수가 시의 무의미성에 도달하기 위해 선택한 방법을 너무 협소한 것이라고 여겼다. 이런 점에서 '의미'를 포기하는 것이 무의미의 추구도 되겠지만, '의미'를 껴안고 들어가서 그 '의미'를 구제함으로써 무의미에 도달하는 길도 있다는 김수영의 말은 주목된다. 그는 김춘수처럼 시어의 무의미성에 대한 추구로 시의 무의미성에 도달하는 것도 현대시가 선택할 수 있는 유효한 실험이라고 보았다. 하지만 그는 시어의 의미성을 적극적으로 수용함으로써 마침내 시의 무의미성에 도달하는 것이 더 바람직한 시인의 태도라고 생각했던 것이다. 김수영은 김춘수의 궁극적인 꿈이기도 했던 시와 예술의 본질 혹은 존재 방식으로서의 무의미성까지 도달하기 위해 오히려 시어의 범위를 적극적으로 확대하고 시와 현실의 접촉을 늘려 세계 변혁을 꾀하는 현실 참여의 길로 나아갔던 것이다. 실제로 그의 참여시는 시와 산문의 언어적 경계를 허물어 산문적 의미까지 시에 담아내려 했다. 이를 통해 그는 일상어·시사어·관념어, 심지어 비속어와 욕설까지 폭 넓게 시어로 활용하여 세계의 의미를 개진하고 당대 현실을 비판할 수 있었다.

사실 김춘수의 시적 인식은 김수영의 그것에 대한 대타 의식의 소산이다. 김춘수는 김수영을 시와 생활을 구별하지 못한 '로맨티스트'였지만 자신의 죽음까지도 시 쓰기의 연장선상에 있었던 훌륭한 시인이라고 평가했다. 김춘수는 세계에 대한 허무감에서 끝내 벗어날 수 없었던 자신과 달리 김수영이 현대 사회의 비극적 운명에 '온몸'으로 맞서는 시인의 윤리를 실천한 점에 압박감을 느끼고 있었지만, 김수영의 시와 시론에서 시와 예술에 대한 공유된 인식을 발견했던 것이다.

① ㉠은 언어유희를 활용하여 세계에 대한 허무 의식을 극복했다.

② ㉠은 시에서 중요한 것은 내용이나 의미가 아니라 형식이나 기법이라고 여겼다.

③ ㉡은 해체시 실험에 치중하면 현실 극복이 불가능하다고 인식했다.

④ ㉡은 시어의 범위와 시의 내용을 확장하여 시의 현실성을 강화했다.

⑤ ㉠과 ㉡은 모더니스트였던 시인의 예술관과 현실 대응 방식을 보여준다.

3 다음의 글을 읽고 내용과 일치하지 않는 것을 고르면?

윤리학에서는 선(善, good) 즉 좋음과 관련하여 여러 쟁점이 있다. 선이란 무엇인가? 선을 쾌락이라고 간주해도 되는가? 선은 도덕적으로 옳음 또는 정의와 어떤 관계에 있는가? 이러한 쟁점 중의 하나가 바로 "선은 객관적으로 존재하는가?"의 문제이다.

플라톤은 우리가 감각으로 지각하는 현실 세계는 가변적이고 불완전하지만, 우리가 이성으로 인식할 수 있는 이데아의 세계는 불변하고 완전하다고 보았다. 그에 따르면, 현실 세계는 이데아 세계를 모방한 것이기에 현실 세계에서 이루어지는 인간들의 행위도 불완전할 수 밖에 없다. 이데아 세계에는 선과 미와 같은 여러 이데아가 존재한다. 그 중에서 최고의 이데아는 선의 이데아이며, 인간 이성의 최고 목표는 선의 이데아를 인식하는 것이다. 선은 말로 표현할 수 없고, 신성하며, 독립적이고, 오랜 교육을 받은 후에만 알 수 있는 것이다. 우리는 선을 그것이 선이기 때문에 욕구한다. 이렇게 인간의 관심 여부와는 상관없이 선이 독립적으로 존재한다고 보는 입장을 선에 대한 '고전적 객관주의'라고 한다.

이러한 플라톤적 전통을 계승한 무어도 선과 같은 가치가 객관적으로 실재한다고 주장한다. 그에 따르면 선이란 노란색처럼 단순하고 분석 불가능한 것이기에, 선이 무엇인지에 대해 정의를 내릴 수 없으며 그것은 오직 직관을 통해서만 인식될 수 있다. 노란색이 무엇이냐는 질문에 노란색이라고 답할 수 밖에 없듯이 선이 무엇이냐는 질문에 "선은 선이다"라고 답할 수 밖에 없다는 것이다. 무어는 선한 세계와 악한 세계가 있을 때 각각의 세계 안에 욕구를 지닌 존재가 있는지 없는지와 관계없이 전자가 후자 보다 더 가치 있다고 믿었다. 선은 인간의 욕구와는 상관없이 그 자체로 존재하며 그것은 본래부터 가치가 있다는 것이다. 그는 선을 최대로 산출하는 행동이 도덕적으로 옳은 행동이라고 보았다.

반면에 '주관주의'는 선을 의식적 욕구의 산물에 불과한 것으로 간주한다. 페리는 선이란 욕구와 관심에 의해 창조된다고 주장한다. 그에 따르면 가치는 관심에 의존하고 있으며, 어떤 것에 관심이 주어졌을 때 그것은 비로소 가치를 얻게 된다.

대상에 가치를 부여하는 것은 관심이며, 인간이 관심을 가지는 대상은 무엇이든지 가치의 대상이 된다. 누가 어떤 것을 요구하든지 간에 그것은 선으로서 가치를 지니게 된다. 페리는 어떤 대상에 대한 관심이 깊으면 깊을수록 그것은 그만큼 더 가치가 있게 되며, 그 대상에 관심을 표명하는 사람의 수가 많을수록 그것의 가치는 더 커진다고 말한다. 이러한 주장에 대해 고전적 객관주의자는 우리가 욕구하는 것과 선을 구분해야 한다고 비판한다.

만약 쾌락을 느끼는 신경 세포를 자극하여 매우 강력한 쾌락을 제공하는 쾌락 기계가 있다고 해 보자. 그런데 누군가가 쾌락 기계 속으로 들어가서 평생 살기를 욕구한다면, 우리는 그것이 선이 아니라고 말할 수 있다. 쾌락 기계에 들어가는 사람이 어떤 불만도 경험하지 못한다고 하더라도, 그것은 누가 보든지 간에 나쁘다는 것이다.

이러한 논쟁과 관련하여 두 입장을 절충한 입장도 존재한다. '온건한 객관주의'는 선을 창발적인 속성으로서, 인간의 욕구와 사물의 객관적 속성이 결합하여 생기는 것이라고 본다. 이 입장에 따르면 물의 축축함이 H_2O 분자들 안에 있는 것이 아니라 그 분자들과 우리의 신경 체계 간의 상호 작용을 통해 형성되듯이, 선도 인간의 욕구와 객관적인 속성 간의 관계 속에서 상호 통합적으로 형성된다. 따라서 이 입장은 욕구를 가진 존재가 없다면 선은 존재하지 않을 것이라고 본다. 그러나 일단 그러한 존재가 있다면, 쾌락, 우정, 건강 등이 가진 속성은 그의 욕구와 결합하여 선이 될 수 있을 것이다. 하지만 이러한 입장에서는 우리의 모든 욕구가 객관적 속성과 결합하여 선이 되는 것은 아니기에 적절한 욕구가 중시된다. 결국 여기서는 적절한 욕구가 어떤 것인지를 구분할 기준을 제시해야 하는 문제가 발생한다.

이와 같은 객관주의와 주관주의의 논쟁을 해결하기 위한 한 가지 방법은 불편부당하며 모든 행위의 결과들을 알 수 있는 '이상적 욕구자'를 상정하는 것이다. 그는 편견이나 무지로 인한 잘못된 욕구를 갖고 있지 않기에 그가 선택하는 것은 선이 될 것이고, 그가 선택하지 않는 것은 악이 될 것이기 때문이다.

① 플라톤은 선의 이데아를 이성을 통해 인식할 수 있다고 본다.
② 플라톤은 인간이 행한 선이 완전히 선한 것은 아니라고 본다.
③ 무어는 선이 단순한 것이어서 그것을 정의할 수 없다고 본다.
④ 무어는 도덕적으로 옳은 행동을 판별할 기준을 제시할 수 없다고 본다.
⑤ 페리는 더 많은 사람이 더 깊은 관심을 가질수록 가치가 증대한다고 본다.

4 아래의 글을 읽고 컨스터블의 풍경화에 대한 내용으로 적절한 것을 고르면?

수확을 앞둔 밀밭 사이로 양 떼를 몰고 가는 양치기 소년과 개, 이른 아침 농가의 이층 창밖으로 펼쳐진 청록의 들녘 등, 이런 평범한 시골 풍경을 그린 컨스터블(1776 ~ 1837)은 오늘날 영국인들에게 사랑을 받는 영국의 국민 화가이다. 현대인들은 그의 풍경화를 통해 영국의 전형적인 농촌 풍경을 떠올리지만, 사실 컨스터블이 활동하던 19세기 초반까지 이와 같은 소재는 풍경화의 묘사 대상이 아니었다. 그렇다면 평범한 농촌의 일상 정경을 그린 컨스터블은 왜 영국의 국민 화가가 되었을까?

컨스터블의 그림은 당시 풍경화의 주요 구매자였던 영국 귀족의 취향에서 어긋나 그다지 인기를 끌지 못했다. 당시 유행하던 픽처레스크 풍경화는 도식적이고 이상화된 풍경 묘사에 치중했지만, 컨스터블의 그림은 평범한 시골의 전원 풍경을 사실적으로 묘사한 것처럼 보인다. 이 때문에 그의 풍경화는 자연에 대한 과학적이고 객관적인 관찰을 바탕으로, 아무도 눈여겨보지 않았던 평범한 농촌의 아름다운 풍경을 포착하여 표현해 낸 결과물로 여겨져 왔다. 객관적 관찰과 사실적 묘사를 중시하는 관점에서 보면 컨스터블은 당대 유행하던 화풍과 타협하지 않고 독창적인 화풍을 추구한 화가이다.

그러나 1980년대에 들어서면서 이와 같은 관점에 대해 의문을 제기하는 비판적 해석이 등장한다. 새로운 해석은 작품이 제작될 당시의 구체적인 사회적 상황을 중시하며 작품에서 지배 계급의 왜곡된 이데올로기를 읽어내는 데 중점을 둔다. 이 해석에 따르면 컨스터블의 풍경화는 당시 농촌의 모습을 있는 그대로 전달 해 주지 않는다. 사실 컨스터블이 활동하던 19세기 전반 영국은 산업혁명과 더불어 도시화가 급속히 진행되어 전통적 농촌 사회가 와해되면서 농민 봉기가 급증하였다. 그런데 그의 풍경화에 등장하는 인물들은 거의 예외 없이 원경으로 포착되어 얼굴이나 표정을 알아보기 어렵다. 시골에서 나고 자라 복잡한 농기구까지 세밀하게 그릴 줄 알았던 컨스터블이 있는 그대로의 자연을 포착하려 했다면 왜 농민들의 모습은 구체적으로 표현하지 않았을까? 이는 풍경의 관찰자인 컨스터블과 풍경 속 인물들 간에는 항상 일정한 심리적 거리가 유지되고 있기 때문이다. 수정주의 미술 사학자들은 컨스터블의 풍경화에 나타나는 인물과 풍경의 불편한 동거는 바로 이러한 거리 두기에서 비롯한다고 주장하면서, 이 거리는 계급 간의 거리라고 해석한다. 지주의 아들이었던 그는 19세기 전반 영국 농촌 사회의 불안한 모습을 애써 외면했고, 그 결과 농민들은 적당히 화면에서 떨어져 있도록 배치하여 결코 그들의 일그러지고 힘든 얼굴을 볼 수 없게 하였다는 것이다.

여기서 우리는 위의 두 견해가 암암리에 공유하는 기본 전제에 주목할 필요가 있다. 두 견해는 모두 작품이 가진 의미의 생산자를 작가로 보고 있다. 유행을 거부하고 남들이 보지 못한 평범한 농촌의 아름다움을 발견한 '천재' 컨스터블이나 지주 계급 출신으로 불안한 농촌 현실을 직시하지 않으려 한 '반동적' 컨스터블은 결국 동일한 인물로서 작품의 제작자이자 의미의 궁극적 생산자로 간주된다. 그러나 생산자가 있으면 소비자가 있게 마련이다. 기존의 견해는 소비자의 역할에 주목하지 않았다. 하지만 소비자는 생산자가 만들어 낸 작품을 수동적으로 수용하는 존재가 아니다. 미술 작품을 포함한 문화적 텍스트의 의미는 그 텍스트를 만들어 낸 생산자나 텍스트 자체에 내재하는 것이 아니라 텍스트를 수용하는 소비자와의 상호 작용에 의해 결정된다. 다시 말해 수용자는 이해와 수용의 과정을 통해 특정 작품의 의미를 끊임없이 재생산하는 능동적 존재인 것이다. 따라서 앞에서 언급한 해석들은 컨스터블 풍경화가 함축한 의미의 일부만 드러낸 것이고 나머지 의미는 그것을 바라보는 감상자의 경험과 기대가 투사되어 채워지는 것이라고 할 수 있다.

즉 컨스터블의 풍경화가 지니는 가치는 풍경화 그 자체가 아니라 감상자의 의미 부여에 의해 완성되는 것이다. 이런 관점에서 보면 컨스터블의 풍경화에 담긴 풍경이 실재와 얼마나 일치하는가는 크게 문제가 되지 않는다.

① 목가적인 전원을 그려 당대에 그에게 큰 명성을 안겨 주었다.
② 사실적 화풍으로 제작되어 당시 영국 귀족들에게 선호되지 못했다.
③ 서정적인 농촌 정경을 담고 있는 전형적인 픽처레스크 풍경화이다.
④ 세부 묘사가 결여되어 있어 그가 인물 표현에는 재능이 없었음을 보여준다.
⑤ 객관적 관찰에 기초하여 19세기 전반 영국 농촌의 현실을 가감 없이 그려 냈다.

5 아래의 글을 읽고 알 수 있는 내용이 아닌 것을 고르면?

18세기 경험론의 대표적인 철학자 흄은 '모든 지식은 경험에서 나온다'라고 주장하면서, 이성을 중심으로 진리를 탐구했던 데카르트의 합리론을 비판하고 경험을 중심으로 한 새로운 철학 이론을 구축하려 하였다. 그러나 지나치게 경험만을 중시한 나머지, 그는 과학적 탐구 방식 및 진리를 인식하는 문제에 대해서도 비판하기에 이른다. 그 결과 ⊙ 흄은 서양 근대철학사에서 극단적인 회의주의자로 평가받는다.

흄은 지식의 근원을 경험으로 보고 이를 인상과 관념으로 구분하여 설명하였다. 인상은 오감(五感)을 통해 얻을 수 있는 감각이나 감정 등을 말하고, 관념은 인상을 머릿속에 떠올리는 것을 말한다. 가령, 혀로 소금의 '짠맛'을 느끼는 것은 인상이고, 머릿속으로 '짠맛'을 떠올리는 것은 관념이다. 인상은 단순 인상과 복합 인상으로 나뉘는데, 단순 인상은 단일 감각을 통해 얻은 인상을, 복합 인상은 단순 인상들이 결합된 인상을 의미한다. 따라서 '짜다'는 단순 인상에, '짜다'와 '희다' 등의 단순 인상들이 결합된 소금의 인상은 복합 인상에 해당한다. 그리고 단순 인상을 통해 형성되는 관념을 단순 관념, 복합 인상을 통해 형성되는 관념을 복합 관념이라 한다. 흄은 단순

인상이 없다면 단순 관념이 존재하지 않는다고 보았다. 그런데 '황금 소금'은 현실에 존재하지 않기 때문에 그 자체에 대한 복합 인상은 없지만, '황금'과 '소금' 각각의 인상이 존재하기 때문에 복합 관념이 존재할 수 있다. 따라서 복합 관념은 복합 인상이 없더라도 존재할 수 있다. 하지만 흄은 '황금 소금'처럼 인상이 없는 관념은 과학적 지식이 될 수 없다고 말하였다. 흄은 과학적 탐구 방식으로서의 인과 관계에 대해서도 비판적 태도를 보였다. 그는 인과 관계란 시공간적으로 인접한 두 사건이 반복해서 발생할 때 갖는 관찰자의 습관적인 기대에 불과하다고 말하였다. 즉, '까마귀 날자 배 떨어진다'라는 속담이 의미하는 것처럼 인과 관계는 필연적 관계임을 확인할 수 없다는 것이다. 그는 '까마귀가 날아오르는 사건'과 '배가 떨어지는 사건'을 관찰할 수는 있지만, '까마귀가 날아오르는 사건이 배가 떨어지는 사건을 야기했다.'라는 생각은 추측일 뿐 두 사건의 인과적 연결 관계를 관찰할 수 없다고 주장한다. 결국 인과 관계란 시공간적으로 인접한 두 사건에 대한 주관적 판단에 불과하므로, 이런 방법을 통해 얻은 과학적 지식이 필연적이라는 생각은 적합하지 않다고 흄은 비판하였다.

또한 흄은 진리를 알 수 있는가의 문제에 대해서도 회의적인 태도를 취했다. 전통적인 진리관에서는 진술의 내용이 사실(事實)과 일치할 때 진리라고 본다. 하지만 흄은 진술 내용이 사실과 일치하는지의 여부를 판단할 수 없다고 보았다. 예를 들어 '소금이 짜다'라는 진술이 진리가 되기 위해서는 실제 소금이 짜야 한다. 그런데 흄에 따르면 우리는 감각 기관을 통해서만 세상을 인식할 수 있기 때문에 실제 소금이 짠지는 알 수 없다. 그러므로 '소금이 짜다'라는 진술은 '내 입에는 소금이 짜게 느껴진다'라는 진술에 불과할 뿐이다. 따라서 비록 경험을 통해 얻은 과학적 지식이라 하더라도 그것이 진리인지의 여부는 확인할 수 없다는 것이 흄의 입장이다.

이처럼 흄은 경험론적 입장을 철저하게 고수한 나머지, 과학적 지식조차 회의적으로 바라보았다는 점에서 비판을 받기도 했다. 하지만 그는 이성만 중시했던 당시 철학 사조에 반기를 들고 경험을 중심으로 지식 및 진리의 문제를 탐구했다는 점에서 근대 철학에 새로운 방향성을 제시했다는 평가를 받는다.

① 데카르트는 이성을 중시하는 관점에서 진리를 찾으려고 하였다.
② 전통적 진리관에 따르면 진리 여부를 판단하는 것은 불가능하다.
③ 흄은 지식의 탐구 과정에서 감각을 통해 얻은 경험을 중시하였다.
④ 흄은 합리론에 반기를 들고 새로운 철학 이론을 구축하려 하였다.
⑤ 흄은 인상을 갖지 않는 관념은 과학적 지식이 될 수 없다고 보았다.

6 아래 글에서 컨버전스 제품이 출시된 이후에 저품질 A의 생산이 중단될 때, 사회적 후생이 감소할 가능성을 높이는 것을 〈보기〉에서 모두 고르면?

기술의 발달은 개별 제품들의 각 기능을 한 기기 내에 담을 수 있는 가능성을 열어주는데, 이를 '컨버전스(convergence)'라고 부른다. 컨버전스는 사용자의 편의성과 더불어 경쟁의 활성화라는 경제적 효과를 야기하게 된다. 경쟁의 활성화가 소비자의 후생 증진으로 이어지려면 소비자 선택의 다양성이 존중되어야 한다. 선택권을 상실한 소비자의 효용 감소가 매우 크다면, 사회적 후생의 감소로 이어질 가능성이 있다. 예를 들어 제품 A의 시장이 독점적인 성격을 지니고 있어, A를 생산하는 기업이 제품의 차별화를 통하여 이윤 극대화를 도모한다고 가정하자. 그렇다면 저품질(저가) A와 고품질(고가) A를 공급함으로써 소비자 스스로 자신의 조건에 맞는 선택을 하도록 유인하여 이윤을 높이려는 시도를 하게 될 것이다. 이러한 상황에서 A에 서로 대체성이 없는 제품 B의 기능이 추가된 컨버전스 제품 C가 출시되었다고 하자. 이제 C의 시장진입으로 저품질 A의 소비자 그룹을 대상으로 경쟁이 치열하게 전개된다면, A를 생산하는 기업은 저품질 A의 시장을 포기하고, C와의 차별화를 시도할 가능성이 있다. A를 생산하는 기업이 저품질 A의 생산을 중단하고 고품질 A에 특화할 때 사회적 후생이 감소할 가능성이 있다.

〈보기〉
㉠ C는 저품질 A에 비하여 가격이 크게 높다.
㉡ 기술 혁신으로 고품질 A의 가격이 하락한다.
㉢ 소비자가 B의 가격에 대해 민감하게 반응하지 않는다.

① ㉠
② ㉢
③ ㉠, ㉡
④ ㉠, ㉢
⑤ ㉡, ㉢

|7-8| 아래의 글을 읽고 물음에 답하시오

사진이 등장하면서 회화는 대상을 사실적으로 재현(再現)하는 역할을 사진에 넘겨주게 되었고, 그에 따라 화가들은 회화의 의미에 대해 고민하게 되었다. 19세기 말 등장한 인상주의와 후기 인상주의는 전통적인 회화에서 중시되었던 사실주의적 회화 기법을 거부하고 회화의 새로운 경향을 추구하였다.

인상주의 화가들은 색이 빛에 의해 시시각각 변화하기 때문에 대상의 고유한 색은 존재하지 않는다고 생각하였다. 인상주의 화가 모네는 대상을 사실적으로 재현하는 회화적 전통에서 벗어나기 위해 빛에 따라 달라지는 사물의 색채와 그에 따른 순간적 인상을 표현하고자 하였다.

모네는 대상의 세부적인 모습보다는 전체적인 느낌과 분위기, 빛의 효과에 주목했다. 그 결과 빛에 의한 대상의 순간적 인상을 포착하여 대상을 빠른 속도로 그려 내었다. 그에 따라 그림에 거친 붓 자국과 물감을 덩어리로 찍어 바른 듯한 흔적이 남아 있는 경우가 많았다. 이로 인해 대상의 윤곽이 뚜렷하지 않아 색채 효과가 형태 묘사를 압도하는 듯한 느낌을 준다.

이와 같은 기법은 그가 사실적 묘사에 더 이상 치중하지 않았음을 보여주는 것이었다. 그러나 모네 역시 대상을 '눈에 보이는 대로' 표현하려 했다는 점에서 이전 회화에서 추구했던 사실적 표현에서 완전히 벗어나지는 못했다는 평가를 받았다.

후기 인상주의 화가들은 재현 위주의 사실적 회화에서 근본적으로 벗어나는 새로운 방식을 추구하였다. 후기 인상주의 화가 세잔은 '회화에는 눈과 두뇌가 필요하다. 이 둘은 서로 도와야 하는데, 모네가 가진 것은 눈 뿐이다'라고 말하면서 사물의 눈에 보이지 않는 형태까지 찾아 표현하고자 하였다. 이러한 시도는 회화란 지각되는 세계를 재현하는 것이 아니라 대상의 본질을 구현해야 한다는 생각에서 비롯되었다.

세잔은 하나의 눈이 아니라 두 개의 눈으로 보는 세계가 진실이라고 믿었고, 두 눈으로 보는 세계를 평면에 그리려고 했다. 그는 대상을 전통적 원근법에 억지로 맞추지 않고 이중 시점을 적용하여 대상을 다른 각도에서 바라보려 하였고, 이를 한 폭의 그림 안에 표현하였다. 또한 질서 있는 화면 구성을 위해 대상의 선택과 배치가 자유로운 정물화를 선호하였다.

세잔은 사물의 본질을 표현하기 위해서는 '보이는 것'을 그리는 것이 아니라 '아는 것'을 그려야 한다고 주장하였다. 그 결과 자연을 관찰하고 분석하여 사물은 본질적으로 구, 원통, 원뿔의 단순한 형태로 이루어졌다는 결론에 도달하였다. 이를 회화에서 구현하기 위해 그는 이중 시점에서 더 나아가 형태를 단순화하여 대상의 본질을 표현하려 하였고, 윤곽선을 강조하여 대상의 존재감을 부각하려 하였다. 회화의 정체성에 대한 고민에서 비롯된 ㉠ 그의 이러한 화풍은 입체파 화가들에게 직접적인 영향을 미치게 되었다.

7 윗글의 내용과 일치하지 않는 것은?

① 사진은 화가들이 회화의 의미를 고민하는 계기가 되었다.

② 전통 회화는 대상을 사실적으로 묘사하는 것을 중시했다.

③ 모네의 작품은 색채 효과가 형태 묘사를 압도하는 듯한 느낌을 주었다.

④ 모네는 대상의 고유한 색 표현을 위해서 전통적인 원근법을 거부하였다.

⑤ 세잔은 사물이 본질적으로 구, 원통, 원뿔의 형태로 구성되어 있다고 보았다.

8 〈보기〉를 바탕으로 할 때, 세잔의 화풍을 ⊙과 같이 평가한 이유로 가장 적절한 것은?

〈보기〉
입체파 화가들은 사물의 본질을 표현하고자 대상을 입체적 공간으로 나누어 단순화한 후, 여러 각도에서 바라보는 관점으로 사물을 해체하였다가 화폭 위에 재구성하는 방식을 취하였다. 이러한 기법을 통해 관찰자의 위치와 각도에 따라 각기 다르게 보이는 대상의 다양한 모습을 한 화폭에 담아내려 하였다.

① 대상의 본질을 드러내기 위해 다양한 각도에서 바라보아야 한다는 관점을 제공하였기 때문에

② 대상을 복잡한 형태로 추상화하여 대상의 전체적인 느낌을 부각하는 방법을 시도하였기 때문에

③ 사물을 최대한 정확하게 묘사하기 위해 전통적 원근법을 독창적인 방법으로 변용시켰기 때문에

④ 시시각각 달라지는 자연을 관찰하고 분석하여 대상의 인상을 그려 내는 화풍을 정립하였기 때문에

⑤ 지각되는 세계를 있는 그대로 표현하기 위해 사물을 해체하여 재구성하는 기법을 창안하였기 때문에

▌9-10▐ 아래의 글을 읽고 물음에 답하시오

조세는 국가의 재정을 마련하기 위해 경제 주체인 기업과 국민들로부터 거두어들이는 돈이다. 그런데 국가가 조세를 강제로 부과하다 보니 경제 주체의 의욕을 떨어뜨려 경제적 순손실을 초래하거나 조세를 부과하는 방식이 공평하지 못해 불만을 야기하는 문제가 나타난다. 따라서 조세를 부과할 때는 조세의 효율성과 공평성을 고려해야 한다.

우선 ⊙ 조세의 효율성에 대해서 알아보자. 상품에 소비세를 부과하면 상품의 가격 상승으로 소비자가 상품을 적게 구매하기 때문에 상품을 통해 얻는 소비자의 편익*이 줄어들게 되고, 생산자가 상품을 팔아서 얻는 이윤도 줄어들게 된다. 소비자와 생산자가 얻는 편익이 줄어드는 것을 경제적 순손실이라고 하는데 조세로 인하여 경제적 순손실이 생기면 경기가 둔화될 수 있다. 이처럼 조세를 부과하게 되면 경제적 순손실이 불가피하게 발생하게 되므로, 이를 최소화하도록 조세를 부과해야 조세의 효율성을 높일 수 있다.

ⓛ 조세의 공평성은 조세 부과의 형평성을 실현하는 것으로, 조세의 공평성이 확보되면 조세 부과의 형평성이 높아져서 조세 저항을 줄일 수 있다. 공평성을 확보하기 위한 기준으로는 편익 원칙과 능력 원칙이 있다. 편익 원칙은 조세를 통해 제공되는 도로나 가로등과 같은 공공재*를 소비함으로써 얻는 편익이 클수록 더 많은 세금을 부담해야 한다는 원칙이다. 이는 공공재를 사용하는 만큼 세금을 내는 것이므로 납세자의 저항이 크지 않지만, 현실적으로 공공재의 사용량을 측정하기가 쉽지 않다는 문제가 있고 조세 부담자와 편익 수혜자가 달라지는 문제도 발생할 수 있다.

능력 원칙은 개인의 소득이나 재산 등을 고려한 세금 부담 능력에 따라 세금을 내야 한다는 원칙으로 조세를 통해 소득을 재분배하는 효과가 있다. 능력 원칙은 수직적 공평과 수평적 공평으로 나뉜다. 수직적 공평은 소득이 높거나 재산이 많을수록 세금을 많이 부담해야 한다는 원칙이다. 이를 실현하기 위해 특정 세금을 내야 하는 모든 납세자에게 같은 세율을 적용하는 비례세나 소득 수준이 올라감에 따라 점점 높은 세율을 적용하는 누진세를 시행하기도 한다.

수평적 공평은 소득이나 재산이 같을 경우 세금도 같게 부담해야 한다는 원칙이다. 그런데 수치상의 소득이나 재산이 동일하더라도 실질적인 조세 부담 능력이 달라, 내야 하는 세금에 차이가 생길 수 있다. 예를 들어 소득이 동일하더라도 부양가족의 수가 다르면 실질적인 조세 부담 능력에 차이가 생긴다. 이와 같은 문제를 해결하여 공평성을 높이기 위해 정부에서는 공제 제도를 통해 조세 부담 능력이 적은 사람의 세금을 감면해 주기도 한다.

* 편익 : 편리하고 유익함
* 공공재 : 모든 사람들이 공동으로 이용할 수 있는 재화나 서비스

9 다음 중 윗글에 대한 설명으로 가장 적절한 것은?

① 상반된 두 입장을 비교, 분석한 후 이를 절충하고 있다.

② 대상을 기준에 따라 구분한 뒤 그 특성을 설명하고 있다.

③ 대상의 개념을 그와 유사한 대상에 빗대어 소개하고 있다.

④ 통념을 반박하며 대상이 가진 속성을 새롭게 조명하고 있다.

⑤ 시간의 흐름에 따라 대상이 발달하는 과정을 서술하고 있다.

10 다음 중 ㉠과 ㉡에 대한 설명으로 적절하지 않은 것은?

① ㉠은 조세가 경기에 미치는 영향과 관련되어 있다.

② ㉡은 납세자의 조세 저항을 완화하는 데 도움이 된다.

③ ㉠은 ㉡과 달리 소득 재분배를 목적으로 한다.

④ ㉡은 ㉠과 달리 조세 부과의 형평성을 실현하는 것이다.

⑤ ㉠과 ㉡은 모두 조세를 부과할 때 고려해야 하는 요건이다.

11 어느 과학자가 간염을 치료하기 위한 신약을 개발하였다. 이 약의 효과를 검증하고자 60명의 간염 환자 중 40명을 무작위로 선택하여 신약을 투여하고, 나머지 20명에게는 위약(placebo)을 투여하는 임상 실험을 하였다. 아래의 표는 임상 실험 결과를 나타낸 것이며 A, B, C, D는 사람 수이다.

	호전됨	호전되지 않음	합
신약	A	B	40
위약	C	D	20
합	48	12	60

위 표에 대한 설명으로 옳은 것을 아래의 〈보기〉에서 모두 고른 것은?

```
〈보기〉
㉠ D가 클수록 신약을 투여 받은 사람 중 호전된 사람의 비율
   이 커진다.
㉡ A와 C의 차이가 작을수록 신약을 투여 받은 사람 중 호전
   된 사람의 비율이 작아진다.
㉢ A:B가 4:1이면 신약을 투여 받은 사람 중 호전된 사람의 비
   율이 위약을 투여 받은 사람 중 호전된 사람의 비율과 같다.
```

① ㉠   ② ㉡

③ ㉠, ㉢   ④ ㉡, ㉢

⑤ ㉠, ㉡, ㉢

12 다음 중 어느 역 플랫폼에 멈춰져 있던 전동차가 플랫폼을 완전히 벗어날 때까지 시간을 쟀더니 8초가 걸렸다. 이 전동차가 길이 150m인 플랫폼에 진입하여 완전히 통과하는데 16초가 걸린다고 할 시에 이 전동차의 길이는 몇 m인가? (단, 전동차는 항상 동일한 속도로 움직인다.)

① 150m   ② 160m

③ 170m   ④ 180m

⑤ 190m

13 12명의 학생이 있는데, 이 중 9명 점수의 총합은 630이고 나머지 3명 중 두 명의 평균은 84, 다른 한 명의 점수가 11명의 평균보다 16점이 높다고 할 경우 학생 12명의 평균점수는 얼마인가?

① 70점   ② 74점

③ 86점   ④ 90점

⑤ 97점

14 원모는 매분 80m, 연철이는 매분 70m의 속도로 3km 떨어진 지점으로부터 동시에 서로를 향해 걸어가기 시작하였다. 이때 원모랑 연철이는 몇 분 후에 만나게 되는가?

① 20분 후   ② 40분 후

③ 60분 후   ④ 80분 후

⑤ 100분 후

15 3%의 소금물 800g에서 몇 g의 물을 증발시켜야 5%의 소금물을 만들 수 있는가?

① 240g   ② 270g

③ 320g   ④ 360g

⑤ 400g

16 아래의 자료는 A 지역의 2017~2018년 상반기 대비 5대 범죄의 발생을 분석한 표이다. 이를 참조하여 예측 및 분석한 내용으로 가장 거리가 먼 것을 고르면?

〈'17~'18'년 상반기 대비 5대 범죄 발생 분석〉

구분	계	살인	강도	강간	절도	폭력
'18년'	934	2	6	46	360	520
'17년'	1,211	2	8	39	601	561
대비	−227 (−22.9%)	0	−2 (−25%)	+7 (17.9%)	−241 (−40.1%)	−41 (−7.3%)

① 살인의 경우에는 2017~2018년 동기간 동안 동일한 건수를 기록하고 있다.

② 강간의 경우에는 2017년 대비 2018년에는 7건 정도가 증가하였으며, 폭력의 경우에는 41건 정도가 감소함을 알 수 있다.

③ 자료를 보면 치안 담당자들이 전반적으로 해당 지역의 정보를 공유하지 않고 범죄 검거에 대한 의지가 약함을 알 수 있다.

④ 표를 보면 5대 범죄 중 가장 괄목할만한 것은 민생치안 및 체감안전도와 직결되는 절도의 경우에 360건이 발생하여 전년 601건 대비 270건 정도 감소했다.

⑤ 18년 상반기를 기준으로 범죄 발생 분석 현황에 의하면 5대 범죄는 934건 발생하여 전년 1,211건 대비 277건이 감소했음을 알 수 있다.

17 N은행 고객인 S씨는 작년에 300만 원을 투자하여 3년 만기, 연리 2.3% 적금 상품(비과세, 단리 이율)에 가입하였다. 올해 추가로 여유 자금이 생긴 S씨는 200만 원을 투자하여 신규 적금 상품에 가입하려 한다. 신규 적금 상품은 복리가 적용되는 이율 방식이며, 2년 만기라 기존 적금 상품과 동시에 만기가 도래하게 된다. 만기 시 두 적금 상품의 원리금의 총 합계가 530만 원 이상이 되기 위해서는 올해 추가로 가입하는 적금 상품의 연리가 적어도 몇 %여야 하는가? (모든 금액은 절삭하여 원 단위로 표시하며 이자율은 소수 첫째 자리까지만 계산함)

① 2.2% ② 2.3%

③ 2.4% ④ 2.5%

⑤ 2.6%

18 다음은 연도별 교육비에 관한 자료이다. 다음 중 전년 대비 고등교육비 증감량이 가장 작은 연도와 동일한 시기의 중등교육비 대비 2009년의 중등교육비의 증가량으로 짝지어진 것은?

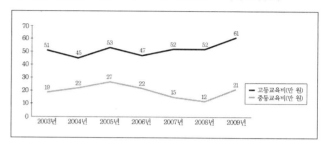

① 2008년, 9(만 원)

② 2007년, 8(만 원)

③ 2006년, 7(만 원)

④ 2005년, 6(만 원)

⑤ 2004년, 5(만 원)

19 다음은 학생별 독서량에 관한 자료이다. 다음 중 갑의 독서량과 해당 독서량이 전체에서 차지하는 비율로 묶여진 것은? (단, 여섯 학생의 평균 독서량은 을의 독서량보다 3배 많다.)

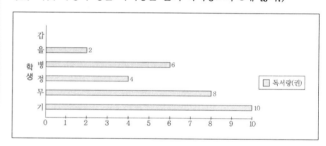

	갑의 독서량	갑의 독서량이 전체에서 차지하는 비율
①	4권	14.5%
②	5권	15.9%
③	6권	16.7%
④	7권	17.2%
⑤	8권	18.3%

20 연중 가장 무더운 8월의 어느 날 우진이는 여자친구, 두 명의 조카들과 함께 서울고속버스터미널에서 출발하여 부산고속버스터미널까지 가는 왕복 프리미엄 고속버스로 휴가를 떠나려고 한다. 이 때 아래에 나타난 자료 및 조건을 토대로 우진이와 여자친구, 조카들의 프리미엄 고속버스의 비용을 구하면?

〈조건〉
• 조카 1(남 : 만 3세)
• 조카 2(여 : 만 6세)
• 서울에서 부산으로 가는 동안(하행선) 조카 1은 우진이의 무릎에 앉아서 가며, 반대로 부산에서 서울로 올라올 시(상행선)에는 좌석을 지정해서 간다.

〈자료〉
1. 서울-부산 간 프리미엄 고속버스 운임요금은 37,000원이다.
2. 만 4세 미만은 어른 요금의 75%를 할인 받는다.
3. 만 4~6세 사이는 어른 요금의 50%를 할인 받는다.
4. 만 4세 미만의 경우에는 승차권을 따로 구매하지 않고 해당 보호자와 함께 동승이 가능하다.

① 162,798원
② 178,543원
③ 194,250원
④ 205,840원
⑤ 213,526원

21 다음 글에서 A의 추리가 전제하고 있는 것을 〈보기〉에서 모두 고른 것은?

낭포성 섬유증은 치명적 유전 질병으로 현대 의학이 발달하기 전에는 이 질병을 가진 사람은 어린 나이에 죽었다. 지금도 낭포성 섬유증을 가진 사람은 대개 청년기에 이르기 전에 사망한다. 낭포성 섬유증은 백인에게서 3,000명에 1명 정도의 비율로 나타나며 인구의 약 5% 정도가 이 유전자를 가지고 있다. 진화생물학 이론에 의하면 유전자는 자신이 속하는 종에 어떤 이점을 줄 때에만 남아 있다. 만일 어떤 유전자가 치명적 질병과 같이 생물에 약점으로 작용한다면 이 유전자를 가지고 있는 생물은 그렇지 않은 생물보다 생식할 수 있는 기회가 줄어들기 때문에, 이 유전자는 궁극적으로 유전자 풀(pool)에서 사라질 것이다. 낭포성 섬유증 유전자는 이 이론으로 설명할 수 없는 것으로 보인다.
1994년 미국의 과학자 A는 흥미로운 실험 결과를 발표하였다. 정상 유전자를 가진 쥐에게 콜레라 독소를 주입하자 쥐는 심한 설사로 죽었다. 그러나 낭포성 섬유증 유전자를 1개 가지고 있는 쥐는 독소를 주입한 다음 설사 증상을 보였지만 그 정도는 낭포성 섬유증 유전자가 없는 쥐에 비해 반 정도였다. 낭포성 섬유증 유전자를 2개 가진 쥐는 독소를 주입한 후에도 전혀 증상을 보이지 않았다. 낭포성 섬유증 증세를 보이는 사람은 장과 폐로부터 염소이온을 밖으로 퍼내는 작용을 정상적으로 하지 못한다. 반면 콜레라 독소는 장으로부터 염소이온을 비롯한 염분을 과다하게 분비하게 하고 이로 인해 물을 과다하게 배출시켜 설사를 일으킨다. 이 결과로부터 A는 낭포성 섬유증 유전자의 작용이 콜레라 독소가 과도한 설사를 일으키는 메커니즘을 막기 때문에, 낭포성 섬유증 유전자를 가진 사람이 콜레라로부터 보호될 수 있을 것이라고 추측하였다. 그러므로 1800년대에 유럽을 강타했던 콜레라 대유행에서 낭포성 섬유증 유전자를 가진 사람이 살아남기에 유리했다고 주장하였다.

〈보기〉
㉠ 쥐에서 나타나는 질병 양상은 사람에게도 유사하게 적용된다.
㉡ 낭포성 섬유증은 백인 외의 인종에서는 드문 유전 질병이다.
㉢ 콜레라 독소는 콜레라균에 감염되었을 때와 같은 증상을 유발한다.
㉣ 낭포성 섬유증 유전자를 가진 모든 사람이 낭포성 섬유증으로 인하여 청년기 전에 사망하는 것은 아니다.

① ㉠, ㉡
② ㉠, ㉢
③ ㉡, ㉣
④ ㉠, ㉢, ㉣
⑤ ㉡, ㉢, ㉣

▌22-23▐ 다음은 ○○협회에서 주관한 학술세미나 일정에 관한 것으로 다음 세미나를 준비하는 데 필요한 일, 각각의 일에 걸리는 시간, 일의 순서 관계를 나타낸 표이다. 제시된 표를 바탕으로 물음에 답하시오. (단, 모든 작업은 동시에 진행할 수 없다)

〈세미나 준비 현황〉

구분	작업	작업시간 (일)	먼저 행해져야 할 작업
가	세미나 장소 세팅	1	바
나	현수막 제작	2	다, 마
다	세미나 발표자 선정	1	라
라	세미나 기본계획 수립	2	없음
마	세미나 장소 선정	3	라
바	초청자 확인	2	라

22 현수막 제작을 시작하기 위해서는 최소 며칠이 필요하겠는가?

① 3일　　　　　　　　② 4일

③ 5일　　　　　　　　④ 6일

⑤ 7일

23 세미나 기본계획 수립에서 세미나 장소 세팅까지 모든 작업을 마치는 데 필요한 시간은?

① 10일　　　　　　　② 11일

③ 12일　　　　　　　④ 13일

⑤ 14일

24 甲회사 인사부에 근무하고 있는 H부장은 각 과의 요구를 모두 충족시켜 신규직원을 배치하여야 한다. 각 과의 요구가 다음과 같을 때 홍보과에 배정되는 사람은 누구인가?

〈신규직원 배치에 대한 각 과의 요구〉
• 관리과 : 5급이 1명 배정되어야 한다.
• 홍보과 : 5급이 1명 배정되거나 6급이 2명 배정되어야 한다.
• 재무과 : B가 배정되거나 A와 E가 배정되어야 한다.
• 총무과 : C와 D가 배정되어야 한다.

〈신규직원〉
• 5급 2명(A, B)
• 6급 4명(C, D, E, F)

① A　　　　　　　　② B

③ C와 D　　　　　　④ D와 F

⑤ E와 F

25 아이디어를 얻기 위해 의도적으로 시험할 수 있는 7가지 규칙인 SCAMPER 기법에 대한 설명으로 옳지 않은 것은?

① S : 기존의 것을 다른 것으로 대체해 보라

② C : 제거해 보라

③ A : 다른 데 적용해 보라

④ M : 변경, 축소, 확대해 보라

⑤ R : 거꾸로 또는 재배치해 보라

26 사과 사탕, 포도 사탕, 딸기 사탕이 각각 2개씩 있다. 甲~戊 다섯 명의 사람 중 한 명이 사과 사탕 1개와 딸기 사탕 1개를 함께 먹고, 다른 네 명이 남은 사탕을 각각 1개씩 먹었다. 모두 진실을 말하였다고 할 때, 사과 사탕 1개와 딸기 사탕 1개를 함께 먹은 사람과 戊가 먹은 사탕을 옳게 짝지은 것은?

甲 : 나는 포도 사탕을 먹지 않았어
乙 : 나는 사과 사탕만을 먹었어
丙 : 나는 사과 사탕을 먹지 않았어
丁 : 나는 사탕을 한 종류만 먹었어
戊 : 너희 말을 다 듣고 아무리 생각해봐도 나는 딸기 사탕을 먹은 사람 두 명 다 알 수는 없어

① 甲, 포도 사탕 1개

② 甲, 딸기 사탕 1개

③ 丙, 포도 사탕 1개

④ 丙, 딸기 사탕 1개

⑤ 戊, 사과 사탕 1개와 딸기 사탕 1개

▌**27-28**▐ 다음 5개의 팀에 인터넷을 연결하기 위해 작업을 하려고 한다. 5개의 팀 사이에 인터넷을 연결하기 위한 시간이 다음과 같을 때 제시된 표를 바탕으로 물음에 답하시오(단, 가 팀과 나 팀이 연결되고 나 팀과 다 팀이 연결되면 가 팀과 다 팀이 연결된 것으로 간주한다).

구분	가	나	다	라	마
가	–	3	6	1	2
나	3	–	1	2	1
다	6	1	–	3	2
라	1	2	3	–	1
마	2	1	2	1	–

27 가 팀과 다 팀을 인터넷 연결하기 위해 필요한 최소의 시간은?

① 7시간　　　　　　② 6시간

③ 5시간　　　　　　④ 4시간

⑤ 3시간

28 다 팀과 마 팀을 인터넷 연결하기 위해 필요한 최소의 시간은?

① 1시간   ② 2시간

③ 3시간   ④ 4시간

⑤ 5시간

29 에너지 신산업에 대한 다음과 같은 정의를 참고할 때, 다음 중 에너지 신산업 분야의 사업으로 보기에 가장 적절하지 않은 것은 어느 것인가?

2015년 12월, 세계 195개국은 프랑스 파리에서 UN 기후변화 협약을 체결, 파리기후변화협약에 따른 신기후체제의 출범으로 온실가스 감축은 선택이 아닌 의무가 되었으며, 이에 맞춰 친환경 에너지시스템인 에너지 신산업이 대두되었다. 에너지 신산업은 기후변화 대응, 미래 에너지 개발, 에너지 안보, 수요관리 등 에너지 분야의 주요 현안을 효과적으로 해결하기 위한 '문제 해결형 산업'이다. 에너지 신산업 정책으로는 전력 수요관리, 에너지관리 통합서비스, 독립형 마이크로그리드, 태양광 렌탈, 전기 차 서비스 및 유료충전, 화력발전 온배수열 활용, 친환경에너지 타운, 스마트그리드 확산사업 등이 있다.

---

① 에너지 프로슈머 시장의 적극 확대를 위한 기반 산업 보강

② 전기차 확대보급을 실시하기 위하여 전기 차 충전소 미비 지역에 충전소 보급 사업

③ 신개념 건축물에 대한 관심도 제고를 위한 고효율 제로에너지 빌딩 확대 사업

④ 폐열과 폐냉기의 재활용을 통한 에너지 사용량 감축과 친환경 에너지 창출 유도 산업

⑤ 분산형 전원으로 에너지 자립 도시 건립을 위한 디젤 발전기 추가 보급 사업

30 다음 중 업무수행과정에서 발생하는 문제 유형에 대한 설명으로 옳지 않은 것은?

① 발생형 문제는 보이는 문제로, 현재 직면하여 해결하기 위해 고민하는 문제이다.

② 발생형 문제는 원인이 내재되어 있는 문제로, 일탈문제와 미달문제가 있다.

③ 탐색형 문제는 찾는 문제로, 시급하지 않아 방치하더라도 문제가 되지 않는다.

④ 설정형 문제는 장래의 경영전략을 생각하는 것으로 앞으로 어떻게 할 것인가 하는 미래 문제이다.

⑤ 설정형 문제는 문제해결에 창조적인 노력이 요구되어 창조적 문제라고도 한다.

31 김대리는 모스크바 현지 영업소로 출장을 갈 계획이다. 4일 오후 2시 모스크바에서 회의가 예정되어 있어 모스크바 공항에 적어도 오전 11시 이전에는 도착하고자 한다. 인천에서 모스크바까지 8시간이 걸리며, 시차는 인천이 모스크바보다 6시간이 더 빠르다. 김대리는 인천에서 늦어도 몇 시에 출발하는 비행기를 예약하여야 하는가?

① 3일 09:00   ② 3일 19:00

③ 4일 09:00   ④ 5일 02:00

⑤ 6일 04:00

32 다음은 ㈜ 서원기업의 재고 관리 사례이다. 금요일까지 부품 재고 수량이 남지 않게 완성품을 만들 수 있도록 월요일에 주문할 A~C 부품 개수로 옳은 것은? (단, 주어진 조건 이외에는 고려하지 않는다)

〈부품 재고 수량과 완성품 1개당 소요량〉

부품명	부품 재고 수량	완성품 1개당 소요량
A	500	10
B	120	3
C	250	5

〈완성품 납품 수량〉

항목＼요일	월	화	수	목	금
완성품 납품 개수	없음	30	20	30	20

〈조건〉

1. 부품 주문은 월요일에 한 번 신청하며 화요일 작업 시작 전 입고된다.

2. 완성품은 부품 A, B, C를 모두 조립해야 한다.

	A	B	C
①	100	100	100
②	100	180	200
③	500	100	100
④	500	180	200
⑤	600	150	300

33 다음 상황에서 총 순이익 200억 원 중에 Y사가 150억을 분배 받았다면 Y사의 연구개발비는 얼마인가?

X사와 Y사는 신제품을 공동 개발하여 판매한 총 순이익을 다음과 같은 기준에 의해 분배하기로 약정하였다.

• 1번째 기준 : X사와 Y사는 총 순이익에서 각 회사 제조원가의 10%에 해당하는 금액을 우선 각자 분배받는다.

• 2번째 기준 : 총 순수익에서 위의 1번째 기준에 의해 분배 받은 금액을 제외한 나머지 금액에 대한 분배는 각 회사가 연구개발을 지출한 비용에 비례하여 분배액을 정한다.

〈신제품 개발과 판례에 따른 연구개발비용과 총 순이익〉

(단위 : 억 원)

구분	X사	Y사
제조원가	200	600
연구개발비	100	( )
총 순이익	200	

① 200억 원
② 250억 원
③ 300억 원
④ 350억 원
⑤ 730억 원

| 34-35 | 공장 주변지역의 농경수 오염에 책임이 있는 기업이 총 70억 원의 예산을 가지고 피해 현황 심사와 보상을 진행한다고 한다. 다음 글을 읽고 물음에 답하시오.

총 500건의 피해가 발생했고, 기업측에서는 실제 피해 현황을 심사하여 보상하기로 하였다. 심사에 소요되는 비용은 보상 예산에서 사용한다. 심사를 통해 좀 더 정확한 피해 규모를 파악할 수 있지만, 그에 따라 소요되는 비용 또한 증가하게 된다.

	1일째	2일째	3일째	4일째
일별 심사비용(억 원)	0.5	0.7	0.9	1.1
일별 보상대상 제외건수	50	45	40	35

• 보상금 총액=예산－심사비용
• 표는 누적수치가 아닌, 하루에 소요되는 비용을 말함
• 일별 심사비용은 매일 0.2억씩 증가하고 제외건수는 매일 5건씩 감소함
• 제외건수가 0이 되는 날, 심사를 중지하고 보상금을 지급함

34 기업 측이 심사를 중지하는 날까지 소요되는 일별 심사비용은 총 얼마인가?

① 15억 원
② 15.5억 원
③ 16억 원
④ 16.5억 원
⑤ 17억 원

35 심사를 중지하고 총 500건에 대해서 보상을 한다고 할 때, 보상대상자가 받는 건 당 평균 보상금은 대략 얼마인가?

① 약 1천만 원
② 약 2천만 원
③ 약 3천만 원
④ 약 4천만 원
⑤ 약 5천만 원

36 T회사에서 사원 김씨, 이씨, 정씨 3인을 대상으로 승진시험을 치뤘다. 다음 〈보기〉에 따라 승진이 결정된다고 할 때 승진하는 사람은?

〈보기〉

• T회사에서 김씨, 이씨, 정씨 세 명의 승진후보자가 시험을 보았으며, 상식 20문제, 영어 10문제가 출제되었다.

• 각 과목을 100만점으로 하되 상식은 정답을 맞힌 개수 당 5점씩, 틀린 개수 당 -3점씩을 부여하고, 영어의 경우 정답을 맞힌 개수 당 10점씩, 틀린 개수 당 -5점씩을 부여한다.

• 채점 방식에 따라 계산했을 때 100점 이하이면 승진에서 탈락된다.

• 각 후보자들이 정답을 맞힌 문항의 개수는 다음과 같고, 그 이외의 문항은 모두 틀린 것이다.

	상식	영어
김씨	14	7
이씨	10	9
정씨	18	4

① 김씨와 이씨
② 김씨와 정씨
③ 이씨와 정씨
④ 모두 승진
⑤ 모두 승진 탈락

37 어느 회사에서 영업부, 편집부, 홍보부, 전산부, 영상부, 사무부에 대한 직무조사 순서를 정할 때 다음과 같은 조건을 충족시켜야 한다면 순서로 가능한 것은?

• 편집부에 대한 조사는 전산부 또는 영상부 중 어느 한 부서에 대한 조사보다 먼저 시작되어야 한다.

• 사무부에 대한 조사는 홍보부나 전산부에 대한 조사보다 늦게 시작될 수는 있으나, 영상부에 대한 조사보다 나중에 시작될 수 없다.

• 영업부에 대한 조사는 아무리 늦어도 홍보부 또는 전산부 중 적어도 어느 한 부서에 대한 조사보다는 먼저 시작되어야 한다.

---

① 홍보부 – 편집부 – 사무부 – 영상부 – 전산부 – 영업부

② 영상부 – 홍보부 – 편집부 – 영업부 – 사무부 – 전산부

③ 전산부 – 영업부 – 편집부 – 영상부 – 사무부 – 홍보부

④ 편집부 – 홍보부 – 영업부 – 사무부 – 영상부 – 전산부

⑤ 영상부 – 편집부 – 전산부 – 사무부 – 홍보부 – 영업부

38 OO기업은 A, B, C, D, E, F, G, H의 8개 프로젝트를 담당하고 있다. 올해 예산이 증액되어 5개의 프로젝트의 예산을 늘리려고 할 때 조건은 다음과 같다. C와 F 프로젝트의 예산을 늘린다면 반드시 옳은 것은?

〈조건〉

• 만약 E 프로젝트의 예산을 늘리면, B 프로젝트의 예산은 늘리지 않는다.

• 만약 D 프로젝트의 예산을 늘리면, F 프로젝트와 G 프로젝트는 모두 예산을 늘리지 않는다.

• 만약 A 프로젝트와 G 프로젝트가 모두 예산을 늘리면, C 프로젝트의 예산도 늘려야 한다.

• B, C, F 프로젝트 가운데 2개만 예산을 늘린다.

---

① A 프로젝트와 D 프로젝트의 예산은 늘린다.

② B 프로젝트와 D 프로젝트의 예산은 늘리지 않는다.

③ A 프로젝트와 B 프로젝트의 예산은 늘린다.

④ B 프로젝트와 E 프로젝트의 예산은 늘리지 않는다.

⑤ A 프로젝트와 G 프로젝트의 예산은 늘리지 않는다.

39 다음은 어느 회사의 신입사원 선발 조건과 지원자의 현황이다. 다음 조건에 따를 때 반드시 선발되는 사람은?

〈지원자 현황〉

• 甲, 乙, 丙, 丁 총 4명이 지원하였다.

• 甲과 乙은 추천을 받은 지원자이다.

• 乙과 丙은 같은 학교 출신이다.

• 甲과 丙은 남성이다.

• 乙과 丁은 여성이다.

〈선발 조건〉

• 지원자 중 1명 이상은 반드시 선발하여야 한다.

• 추천을 받은 지원자 중에는 1명을 초과하여 선발할 수 없다.

• 같은 학교 출신 지원자는 1명을 초과하여 선발할 수 없다.

• 남성 지원자만을 선발하거나 여성 지원자만을 선발할 수 없다.

---

① 甲   ② 乙

③ 丙   ④ 丁

⑤ 아무도 선발되지 않는다.

40 다음 재고 현황을 통해 파악할 수 있는 완성품의 최대 수량과 완성품 1개당 소요 비용은 얼마인가? (단, 완성품은 A, B, C, D의 부품이 모두 조립되어야 하고 다른 조건은 고려하지 않는다)

부품명	완성품 1개당 소요량(개)	단가(원)	재고 수량(개)
A	2	50	100
B	3	100	300
C	20	10	2,000
D	1	400	150

	완성품의 최대 수량(개)	완성품 1개당 소요 비용(원)
①	50	100
②	50	500
③	50	1,000
④	100	500
⑤	100	600

》 직무수행능력평가(경영학)

41 아래와 같은 실적을 가진 A 기업의 영업이익을 현재 수준에서 10% 증가시키기 위해 매출액을 유지하면서 물류비를 줄이는 방법 또는 매출액을 증가시켜 달성하는 방법 중에서 한 가지를 선택하여 경영전략을 수립하고자 한다. 이를 위해 필요한 물류비 감소비율과 매출액 증가비율은 각각 얼마인가? (단, 두 가지 방법 모두에서 영업이익은 6%로 한다.)

A 기업 매출액	200억 원
A 기업 물류비	매출액의 10%
A 기업 영업이익	매출액의 6%

① 6%, 20%

② 5%, 15%

③ 6%, 6%

④ 5%, 20%

⑤ 6%, 10%

42 다음은 2019년도 K기업이 지출한 물류비 내역을 나타낸 것이다. 이 중 자가물류비와 위탁물류비는 각각 얼마인지 구하면?

• 노무비 13,000만 원	• 전기료 300만 원
• 지급운임 400만 원	• 이자 250만 원
• 재료비 3,700만 원	• 지불포장비 80만 원
• 수수료 90만 원	• 가스수도료 300만 원
• 세금 90만 원	• 상/하차 용역비 550만 원

① 자가물류비 : 17,000만 원, 위탁물류비 : 1,760만 원

② 자가물류비 : 17,300만 원, 위탁물류비 : 1,460만 원

③ 자가물류비 : 17,640만 원, 위탁물류비 : 1,120만 원

④ 자가물류비 : 17,730만 원, 위탁물류비 : 1,030만 원

⑤ 자가물류비 : 17,550만 원, 위탁물류비 : 1,210만 원

43 물류센터를 운영하고 있는 A사는 2019년 다음과 같은 자산을 구입하였다. 이 회사는 감가상각방법으로 정액법을 채택하고 있다. A사가 3년 동안 매년 기록할 감가상각비는 얼마인지 구하면?

자산	취득원가	잔존가치	내용연수
건물	320백만 원	20백만 원	40년
기계장치	110백만 원	10백만 원	10년

① 17.5백만 원/년

② 18.5백만 원/년

③ 19.5백만 원/년

④ 20.5백만 원/년

⑤ 21.5백만 원/년

44 통상적으로 물류란 필요한 양의 물품을 가장 적은 경비를 들여 신속하고 효율적으로 원하는 장소에 때맞춰 보낼 수 있도록 함으로써 가치를 창출하는 경제 활동. 자재 및 제품의 포장, 하역, 수송, 보관, 통신 등 여러 활동을 의미하는데 다음 중 물류와 고객서비스에 대한 내용으로 가장 옳지 않은 것을 고르면?

① 재고수준이 낮아지면 고객서비스가 좋아지므로 서비스 수준의 향상과 추가재고 보유비용의 관계가 적절한지 고려해야 한다.

② 주문을 받아 물품을 인도할 때까지의 시간을 리드타임이라고 한다면 리드타임은 수주, 주문처리, 물품준비, 발송, 인도시간으로 구성된다.

③ 리드타임이 길면 구매자는 그 동안의 수요에 대비하기 위해 보유재고를 늘리게 되므로 구매자의 재고비용이 증가한다.

④ 효율적 물류관리를 위해 비용의 상충 관계를 분석하고 최상의 물류서비스를 선택할 수 있어야 한다.

⑤ 동등수준의 서비스를 제공할 수 있는 대안이 여럿 있을 때 그 중 비용이 최저인 것을 선택하는 것이 물류관리의 과제 중 하나이다.

45 아래 기사를 읽고 문맥 상 ㉠에 들어갈 수 있는 내용에 대한 설명으로 적절한 것을 고르면?

> "8분 뒤 도착하니까 짜파구리 해주세요. 우리 다송이가 제일 좋아하는 거니까. 냉장고에 한우 채끝 살 있을 텐데 그것도 좀 넣고."
> 영화 '기생충'에서 연교는 폭우 때문에 캠핑을 중단하며 집으로 가는 길에 가정부 충숙에게 전화해 이같이 지시한다. 짜파구리는 농심의 면제품인 짜파게티와 너구리를 조합해 만든 음식으로 2009년 무렵 인터넷에서 네티즌이 조리법을 소개하며 화제가 됐다. 기생충에 등장하는 짜파구리는 라면이 이 정도로 호화스러울 수 있다는 것을 보여주며 빈부 격차를 실감나게 보여준다. 이 때문에 영화를 본 사람들의 기억 속에 남는 것 중 하나도 '기생충식 짜파구리'다. 기생충이 아카데미상 4관왕에 오르자 짜파게티와 너구리를 만드는 농심은 두 제품의 판매가 늘어날 것으로 기대하고 있다. 짜파구리에 대한 관심은 영화가 상영되는 해외에서 커지고 있다.
> 미국 해외 요리사이트와 소셜미디어(SNS)에서는 기생충식 짜파구리 만드는 방법이 여럿 올라왔다. 미국의 요리 평론잡지 '차우하운드' 편집장 하나 애스브링크는 온라인 사이트에 영화 속 짜파구리를 소개하며, 만드는 과정을 공개했다. 외국인 시청자가 많은 유튜브 채널 망치(Maangchi)도 지난달 30일 '기생충에 나오는 쇠고기 짜파구리(ramdong·람동)'라는 영상을 통해 조리법을 소개했다. 해당 영상 조회 수는 66만에 달한다. '람동(ramdon·ramen+udon)'은 기생충 영어자막에 등장한 짜파구리에 대한 번역이다. 미국 등 다른 나라에선 짜파게티와 너구리를 잘 모르다 보니 라면과 우동을 합친 것이다.
> 기생충의 아카데미상 수상 축하에도 짜파구리는 빠지지 않고 있다. 해리 해리스 주한 미국대사는 기생충이 10일 각본상을 받자 트위터에 "한국 영화 최초 아카데미 각본상을 수상한 봉준호 감독에게 축하를 전하고 더 많은 수상을 기대한다"며 "대사관 동료들과 함께 '짜파구리'를 먹으며 오스카 시상식을 관전하고 있다"고 했다.
> 농심은 기생충 영화에 (㉠)을/를 하지 않았다. 하지만 영화 개봉 후 짜파구리가 주목받으면서 짜파게티와 너구리 판매가 늘고 있다. 기생충의 국내 개봉일은 지난해 5월 30일이었다. 식품산업통계정보에 따르면 지난해 2분기 기준 짜파게티 매출액은 451억 2800만 원으로 라면 매출 3위를, 너구리는 209억 2000만 원으로 매출 8위를 기록했다. 하지만 지난해 3분기 짜파게티 매출은 477억 9800만원, 너구리는 230억 2500만 원으로 한 분기 만에 매출이 각각 20억 원 늘었다.
> 농심 관계자는 "기생충 측에서 영화를 제작하는 단계에서 '짜파구리'라는 표현을 영화에 써도 되냐는 문의를 해 좋다고 했다"며 영화 흥행으로 주목을 받게 되어 감사하다"고 했다.

① 환경적 역기능을 최소화하면서 소비자가 만족할 만한 수준의 성능과 가격으로 제품을 개발하여 환경적으로 우수한 제품 및 기업 이미지를 창출함으로써 기업의 이익 실현에 기여하는 방식이다.

② 게릴라 작전처럼 기습적으로 행해지며 교묘히 규제를 피해가는 기법을 말하고 있다.

③ 자신들의 상품을 각종 구설수에 휘말리도록 함으로써 소비자들의 이목을 집중시켜 자사의 판매를 늘리려는 기법을 말한다.

④ 특정 상품을 방송 매체 속에 의도적이고 자연스럽게 노출시켜 광고 효과를 노리는 방식이다.

⑤ 기업들이 자사의 상품을 많이 판매하기보다는 오히려 고객들의 구매를 의도적으로 줄임으로써 적절한 수요를 창출하고, 장기적으로는 수익의 극대화를 꾀하는 방식이다.

46 (주) 대박 소매업체는 전국에 200여 개의 점포에서 (주) 쪽박 공급업체의 상품을 판매하고 있는데, 이 상품이 잘 팔리지 않아 진열대에서 제거할지 말지 고민하고 있다. 그리고 (주) 쪽박 공급업체와 경쟁관계에 있는 (주) 옹박 공급업체가 (주) 대박 소매업체의 점포에 상품공급을 원하는 상황이다. 이런 경우, (주) 대박 소매업체가 (주) 옹박 공급업체의 입점욕구를 수용하는 동시에 잘 팔리지 않은 (주) 쪽박 공급업체의 상품을 (주) 옹박 공급업체를 통해서 일시에 해결할 수 있는 방법은 무엇인지 고르면?

① 입점비(Slotting Allowances)

② 역청구(Chargebacks)

③ 거래거절(Refusals To Deal)

④ 역매입(Buybacks)

⑤ 구속적 계약(Tying Contracts)

47 아래의 내용을 읽고 괄호 안에 들어갈 용어를 순서대로 올바르게 나열한 것을 고르면?

> (㉠) 특정한 목적을 달성하기 위해서 희생되거나 포기된 자원이다.
> (㉡) 주어진 원가대상과 관련된 원가로서 그 원가 대상에 추적 가능한 원가이다.
> (㉢) 주어진 원가대상과 관련된 원가이지만 그 원가 대상에 추적할 수 없는 원가이다. 그리하여 원가배부과정을 통해 원가 집적대상에 귀속된다.
> (㉣) 활동이나 조업도의 총 수준과 관련해서 원가 총액이 비례적으로 변동하는 원가이다.

① ㉠ : 원가, ㉡ : 간접원가, ㉢ : 직접원가, ㉣ : 변동원가

② ㉠ : 원가, ㉡ : 직접원가, ㉢ : 간접원가, ㉣ : 변동원가

③ ㉠ : 원가, ㉡ : 고정원가, ㉢ : 간접원가, ㉣ : 직접원가

④ ㉠ : 가격, ㉡ : 고정원가, ㉢ : 비추적원가, ㉣ : 비례원가

⑤ ㉠ : 가격, ㉡ : 추정원가, ㉢ : 비추적원가, ㉣ : 비례원가

48 예를 들어 A와 B라는 두 쇼핑센터가 있다고 가정하고 각 쇼핑센터에 대한 정보는 다음 상자 안의 내용과 같을 때, 잠재매출이 더 큰 쇼핑센터와 그 쇼핑센터의 잠재매출액으로 올바르게 나열된 것을 고르면?

정보 (A, B 장소에 대한 평가)	A	B
5분 내의 거리에 거주하는 인구	12,000명	15,000명
상권 내 가게 중 15세 이하 어린이 비율	70%	20%
쇼핑센터의 면적	25,000	20,000
거리에서 볼 수 있는지의 여부	볼 수 있음	보이지 않음
센터 내 대형할인매장의 존재여부	없음	있음

세부영향 내용
- 15분 이내의 거리에 거주하는 주민이 많으면 많을수록 좋으며 1인당 200원의 가치가 있다.
- 가게 내 15세 이하의 어린이 비율이 높을수록 매출이 증가하며 10%당 10만 원의 가치가 있다.
- 쇼핑센터의 면적이 넓을수록 면적 당 10원의 가치가 있다.
- 거리에서 보이는 경우 월 20만 원의 매출증가가 가능하다고 본다.
- 쇼핑센터 내 대형할인매장이 있으면 월 30만 원의 매출 증가가 가능하다.

① A 쇼핑센터, 355만 원
② A 쇼핑센터, 985만 원
③ B 쇼핑센터, 370만 원
④ B 쇼핑센터, 550만 원
⑤ 동일한 잠재매출액이 계산된다. A, B 모두 동일하다.

49 일반적으로 제조업체 입장에서 볼 때, 소매상과 직접 거래하는 것보다는 도매상을 거치는 것이 교환과정에 있어 필요한 거래 수의 감소를 가져온다. 만일 제조업체가 3곳, 도매상이 2곳, 소매상이 6곳일 경우 총 거래의 수는 몇 개인지 구하면?

① 7개의 거래
② 12개의 거래
③ 14개의 거래
④ 18개의 거래
⑤ 20개의 거래

50 아래 보기에 제시된 실험을 통해 알 수 없는 내용을 고르면?

1920년대 미국 일리노이주 서부 전기회사의 호손공장(Hawthorne plant)에서 생산성에 영향을 미치는 요소들이 무엇인지 실험을 했다. 당시 기업은 생산성을 향상시키기 위해 적정 노동시간을 정하거나 작업장의 조명을 밝게 하는 등 작업환경 개선에 주력했다. 하지만 연구팀이 조명을 밝게 했다가 원래의 수준으로 낮추는 등의 요인은 생산량에 차이를 만들어내지 못했다. 그래서 연구팀은 실험 지원자를 선발해 다른 작업실에 격리했다. 이들에게는 휴식이 생산성에 미치는 영향을 파악하기 위해 작업규칙을 느슨하게 해 주었고, 세심하게 특별 관리도 해 주었다. 그러자 생산성이 30% 증가했다. 그러나 휴식시간이 없던 기존의 작업일정으로 회귀했을 때도 휴식의 길이와 상관없이 생산량이 최고에 달했다. 연구팀은 이 실험에서 '누군가 관심을 가지고 지켜보면 사람들은 더 분발한다. 자신이 특별한 팀원의 일부라는 믿음과 생산 활동의 주체로 인식될 때 태도가 변하고 능률향상에 의욕을 갖는다'는 결론을 얻게 된다.

① 이 실험을 통해 생산성을 향상을 위해서는 종업원 간의 원만한 인간관계가 필요하다고 인식되었다.
② 1924년부터 1932년까지 약 10년에 걸친 장기간의 실험이었다.
③ 생산성 향상에 영향을 미치는 것은 작업환경과 같은 물리적인 요인이 아니라 노동자의 감정이나 집단의 분위기, 태도 등이라는 것을 알 수 있다.
④ 종업원의 사회적·심리적인 조건과 비공식적인 조직의 힘이 생산성 향상에 크게 이바지하게 됨을 알 수 있다.
⑤ 비공식 조직은 때때로 공식조직에 영향을 미치기도 한다.

51 다음 대화의 질문형태를 보고 관련한 내용으로 가장 바르지 않은 것은 무엇인가?

연철 : 우리 오늘 바람 쐬러 어디로 갈까?
형일 : 글쎄?
연철 : 기차타고 바다 보러 갈까?
형일 : 난 움직이기 싫어, 귀찮아.
연철 : 그럼 운동할 겸 산에 갈까? 이 중에서 네가 선택해 봐
형일 : 글쎄, 난 다 싫은데...

① 이분형의 질문과 선다형의 질문이 있다.
② 응답이 용이하고 분석이 쉽다.
③ 응답자에게 충분한 자기표현의 기회를 제공해 사실적이면서 현장감 있는 응답의 취득이 가능하다.
④ 응답자들의 생각을 모두 반영한다고 할 수 없다.
⑤ 선다형 질문의 경우에는 의미차별화 척도, 리커트 척도, 스타펠 척도 등이 널리 활용된다.

52 일반적으로 CRM은 기업이 고객과 관련된 내외부 자료를 분석·통합해 고객 중심 자원을 극대화하고 이를 토대로 고객특성에 맞게 마케팅 활동을 계획·지원·평가하는 과정을 의미하는데, 다음 중 이러한 CRM과 관련한 내용 중 가장 바르지 않은 것을 고르면?

① 점점 더 다양해지는 고객의 니즈에 유연하게 대처함으로써 수익의 극대화를 추구하는 것이라 할 수 있다.

② 기존 고객을 유지하기 위한 대표적인 전략으로써 고객활성화전략, 애호도제고전략, 교차판매전략 등이 있다.

③ 소비자들의 행동패턴, 소비패턴 등을 통해서 그들의 니즈를 알아내야 하는 내용들이 많으므로 고도의 정보 분석기술을 필요로 한다.

④ 지속적인 피드백을 통해 고객의 니즈 및 개별특성의 파악과 더불어서 그에 맞는 상품, 서비스의 개발, 판매촉진활동을 말한다.

⑤ 신규고객의 확보를 위한 전략은 CRM의 대상이라고 할 수 없다.

53 다음의 내용을 읽고 RFM 분석기법에 대해 추론 가능한 내용으로 가장 거리가 먼 것을 고르면?

유통업계 마케팅에서 VIP 고객을 일컬을 때마다 등장하는 법칙이 있다. 상위 20%만 확보하면 전체의 80%를 잡는 효과를 나타낼 수 있다고 해석되는 '파레토 법칙'(Pareto's law). 이 법칙에 의해서 백화점의 귀족마케팅이 이루어진다. 백화점의 VIP는 충분한 경제력을 갖춘 30~50대 중산층 이상의 고객. 그만큼 경기에 덜 민감하고, 일정액 이상 매출을 보장한다. 최근 지역 백화점들이 VIP 마케팅을 강화하고 있다. 심지어 'VIP 중의 VIP'를 따로 선정해 특별 관리할 만큼 정성을 쏟아 붓고 있다. 지역 백화점들은 VIP를 정할 때 'RFM 분석기법'을 적용한다. 'R'(Recency : 최근성)은 얼마나 최근에, 'F'(Frequency : 빈도)는 얼마나 자주 왔으며, 'M'(Monetary : 금액)은 얼마나 많은 돈을 썼느냐는 뜻이다. 대구백화점은 자사카드 및 멤버십카드 고객을 대상으로 'RFM' 분석을 통해 6개월마다 약 1천명의 상위 고객을 '애플클럽' 회원으로 관리한다. 대백카드 매출액을 기준으로 상위 1%의 애플고객이 전체 카드매출 중 무려 13%를 차지하며, 상위 20%가 매출의 70%를 책임진다.

① R은 구매의 최근성을 의미하는 것으로 최초 가입일에서 현재까지의 제품 또는 서비스 사용기간을 표현한다.

② F는 구매의 빈도로써 일정기간 동안 어느 정도의 구매가 발생하였는지를 분석하는데, 구매의 횟수가 늘어날수록 고객 로열티가 높아진다.

③ M은 최초 가입일로부터 현재까지 구매한 평균금액의 크기를 분석하는데, 평균구매금액이 많을수록 고객의 로열티는 낮아진다.

④ RFM 분석은 단기간 내 고객을 분류하고 이에 대응한 맞춤형 전략을 펼치는데 있어 많은 이해력을 제공하는 방법론이라 할 수 있다.

⑤ RFM 분석은 고객의 가치를 판단하고, 이들에 대한 마케팅 효율을 높이며, 추후 이들로부터 얻을 수 있는 수익을 극대화하도록 해 주는 중요한 요소이다.

54 다음 중 경로 커버리지의 한 형태인 집약적 유통에 관한 사항으로 가장 거리가 먼 것은 무엇인가?

① 시장의 범위를 확대시키는 전략이라고 할 수 있다.

② 이러한 유통형태에 대해 소비자들은 제품을 구매함에 있어 특별히 많은 노력을 기울이지 않는다.

③ 주로 편의품이 이에 속한다고 할 수 있다.

④ 중간상 통제가 상당히 용이하다.

⑤ 편의성이 증가되는 경향이 강하다.

55 아래 박스에 나타난 내용을 읽고 괄호 안에 들어갈 경영기법으로 옳은 것을 고르면?

기업 경영에서 시간이 경쟁 우위의 원천으로 주목받기 시작한 것은 1980년대 중반부터였다. 당시 보스턴 컨설팅 그룹(BCG)의 부사장이었던 '조지 스톨크(Geroge Stalk)'는 제2차 세계대전 이후 글로벌 시장에서 급성장한 일본 기업의 새로운 경쟁 우위를 설명하면서 (   )이라는 개념을 제안했다. 일본 기업들은 낮은 임금과 규모의 경제, 품질 등을 기반으로 한 경쟁에서 더 나아가 적시 생산 시스템(JIT ; Just In Time)과 빠른 신제품 출시, 사이클 타임(Cycle Time)단축 등으로 경쟁사보다 한 발 앞서 시장을 장악할 수 있었다.

① 시간기준경쟁(Time-Based Competition)

② 칼스(Commerce At Light Speed)

③ 지식경영(Knowledge Management)

④ 차별화전략(Differentiation Strategy)

⑤ 전략정보시스템(Strategic Information System)

56 아래 그림은 수직적 마케팅 시스템 구조를 나타내고 있다. 이를 참조하여 바르지 않은 항목을 고르면?

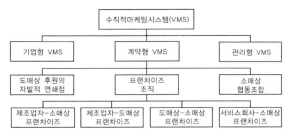

① 소매점 협동조합은 중소 소매상이 도매의 기능을 지닌 공동소유의 조직체를 결성해 이를 공용으로 운영하는 경로조직이다.

② 계약형 VMS는 조직 상호 간 일종의 계약을 통해 서로 합의함으로써 공식적인 경로관계를 형성하는 경로조직이다.

③ 기업형 VMS는 하나의 경로구성원이 타 경로구성원을 법적으로 소유하며 관리하는 경로유형이다.

④ 관리형 VMS는 낮은 수준의 조직상호 간의 경영이 공식적인 협조 하에 수행된다.

⑤ 도매상 후원 자발적 연쇄점은 서로 독립된 소매상이 대규모의 체인조직과 경쟁하는 것을 도와주기 위해 도매상들이 임의적으로 체인을 조직한 것을 말한다.

57 다음의 기사와 관련성이 가장 높은 것을 고르면?

지난 2월초 소주 업계에서는 두산주류 BG의 '처음처럼'과 진로의 '참이슬'에서 20도 소주를 출시하면서 두 회사 간 치열한 경쟁이 벌어지고 있다. 특히 이 소주 회사들은 화장품을 증정하는 프로모션을 함께 벌이면서 고객 끌어들이기에 안간힘을 쓰고 있다.

처음처럼은 지난 4월부터 5월까지 서울, 경기, 강원 지역 중에 대학가와 20대가 많이 모이는 유흥상권에서 화장품을 이용한 판촉행사를 진행하고 있다. '처음처럼'을 마시는 고객에게 게임을 통해 마스크 팩과 핸드크림을 나눠주고 있다. 또한 참이슬에서도 서울 경기 지역에서 폼 클렌징을 증정하고 있다. 이 소주 회사들의 주요 목표 층은 20대와 30대 남성들로 멋내기에도 관심 있는 계층이어서 화장품에 대한 만족도가 매우 높은 것으로 알려지고 있다. 처음처럼 판촉팀 관계자는 수십 개 판촉팀을 나눠 진행하는데 마스크 팩이나 핸드크림을 증정 받은 남성들의 반응이 좋아 앞으로 화장품 프로모션은 계속될 것이라고 말했다. 이 관계자는 또 "화장품이 소주의 판촉물로 선호되는 것은 무엇보다도 화장품이라는 아이템이 깨끗하고, 순수한 느낌을 주고 있어 가장 적합한 제품"이라고 덧붙였다. 특히 폼 클렌징을 증정 받아 사용해 본 고객들은 사용 후 폼 클렌징을 직접 구매하고 있어 판매로 이어지면서 화장품 업계에서도

적극 권유하고 있다. 업계 관계자는 "화장품과 식품음료업체 간의 이러한 마케팅은 상대적으로 적은 비용으로 브랜드 인지도와 매출을 동시에 높일 수 있는 효과를 거둘 수 있다"며 "비슷한 소비층을 목표로 한 업종 간의 마케팅이 더욱 활발하게 전개될 것"이라고 전망했다.

① 제품의 수요 또는 공급을 선택적으로 조절해 장기적인 측면에서 자사의 이미지 제고와 수익의 극대화를 꾀하는 마케팅 활동이다.

② 시장의 경쟁체제는 치열해지고 이러한 레드 오션 안에서 틈새를 찾아 수익을 창출하는 마케팅 활동이다.

③ 유통 경로 수준에 있는 기업들이 자본, 생산, 마케팅 기능 등을 결합해 각 기업의 경쟁 우위를 공유하려는 마케팅 활동이다.

④ 이메일이나 또는 다른 전파 가능한 매체를 통해서 자발적으로 어떤 기업이나 기업의 제품을 홍보할 수 있도록 제작하여 널리 퍼지게 하는 마케팅 활동이다.

⑤ 자사의 상품을 여러 구설수에 휘말리도록 함으로써 소비자들의 이목을 집중시켜 판매를 늘리려는 마케팅 활동이다.

58 일반적으로 가격은 기업 수익에 공헌한다는 점에서는 마케팅 비용을 발생시키는 타 마케팅 요소들과는 달리 차별적인 특징을 가지고 있다. 이러한 관점에서 볼 때, 기업에게는 가격이란 수익과 이익의 원천이지만, 다른 면에서 볼 때는 소비자가 지불해야 하는 구입의 대가이므로 촉진의 한 수단이면서 경쟁도구로서의 역할을 수행하게 되는데 다음 우진이와 원모의 대화를 통해 알 수 있는 가격결정 방법은 무엇인가?

우진 : 면도기에 비해 면도날은 상당히 비싸다.
원모 : 나 또한 프린터에 비해서 잉크는 상당히 비싸다고 생각해
우진 : 하지만, 우리는 면도기랑 프린터가 있으니까 계속적으로 동일한 제품을 구입할 수밖에 없잖아!

① Value-Added Pricing
② Captive Pricing
③ Lowest Acceptable Price
④ Two Party Price Policy
⑤ Good-Value Pricing

59 아래의 내용을 읽고 괄호 안에 들어갈 말을 순서대로 바르게 나열한 것을 고르면?

> 통상적으로 (㉠)은 슈퍼마켓이나 할인점에 가면 1,980원 짜리 라면 묶음, 980원짜리 노트, 9,900원짜리 생활용품 등의 가격표가 많다. 상품에 1천 원, 2천원 , 1만 원 대신 980원, 1,980원, 9,900원과 같이 단수가 붙은 가격을 사용하는 것은 소비자로 하여금 소비자가 지니고 있는 9나 8이라는 숫자에 대해 '최대한 인하된 가격'이라는 이미지를 극대화시키는데 목적이 있다.
> (㉡) 보통 껌이나 캔 음료와 같은 경우는 오랜 시간동안 동일한 가격이 유지되어 소비자로 하여금 당연하게 받아들이는 가격이 형성되어 있다. 이렇게 형성되어버린 상품은 그보다 가격을 낮게 붙여도 그다지 매출이 신장되지 않는다. 반대로 가격을 높이면 매출이 심하게 떨어지기 때문이다.
> (㉢)은 소비자의 소득 수준이 변하게 되면 소비자는 기존보다 더 나은 질의 상품을 찾게 된다. 이 때 가격은 소비자가 상품의 품질을 판단하는 기준의 하나가 되는데 품질이 좋은 상품이나 사회적인 신분이 있는 소비자에게 호소하기 위해 일부러 가격을 비싸게 설정하는 것이다.

① ㉠ Prestige Pricing, ㉡ Zone Pricing, ㉢ Odd Pricing

② ㉠ Customary Pricing, ㉡ Odd Pricing, ㉢ Zone Pricing

③ ㉠ Customary Pricing, ㉡ Zone Pricing, ㉢ Reference Pricing

④ ㉠ Odd Pricing, ㉡ Customary Pricing, ㉢ Prestige Pricing

⑤ ㉠ Odd Pricing, ㉡ Reference Pricing, ㉢ Zone Pricing

60 아래 기사를 읽고 밑줄 친 내용으로 미루어 보아 추론 가능한 사실이 아닌 것을 고르면?

> [단독] '독성 실험비' 3억 아낀 옥시, <u>광고 선전</u>에는 140억 펑펑
> 초유의 '가습기 살균제 사망 사건'에서 최대 가해 업체인 옥시 레킷벤키저(이하 옥시, 현 RB코리아)가 문제의 상품 개발 당시 140억 원이 넘는 광고·선전비용을 지출했던 것으로 드러났다. 이와 대조적으로 수억 원이 소요되는 흡입독성실험은 고의적으로 실시하지 않아 재차 모럴해저드 논란과 함께 법적·윤리적 책임을 피하기 어렵게 됐다.
> 12일 헤럴드경제가 금융감독원 공시 자료를 분석한 결과, 인명피해의 직접적 원인으로 지목된 '옥시 싹싹 뉴 가습기 당번' 상품이 개발·출시된 지난 1999년과 2000년 옥시의 광고 선전비용은 각각 108억 원과 142억 원에 달했다.
> 이후에도 옥시는 매년 100억 원이 넘는 돈을 광고비로 사용한 것으로 조사됐다. 2010년의 경우 광고비가 250억 원을 넘기도 했지만 2011년 주식회사 법인을 유한회사로 변경한 다음부터는 따로 공시를 하지 않았다. 1999년과 2000년 들어간 접대비 역시 총 4억 원에 육박하기도 했다.

① 신문광고, TV와 라디오 광고, 온라인 광고 등이 있다.

② 내용 등에 대한 통제가 불가능하다.

③ 비인적 매체를 활용한 촉진방식이다.

④ 사용 매체에 따른 비용을 지불한다.

⑤ 상대적으로 신뢰도가 낮다는 결과를 초래할 수 있다.

61 아래 기사는 기자와 A 국회의원과의 일문일답 중 한 부분을 발췌한 것이다. 이를 읽고 밑줄 친 부분에 대한 설명으로 가장 적절한 것을 고르면?

> 기자 : 역대 대통령들은 지역 기반이 확고했습니다. A 의원님처럼 수도권이 기반이고, 지역 색이 옅은 정치인은 대권에 도전하기 쉽지 않다는 지적이 있습니다. 이에 대해 어떻게 생각 하시는지요
> A 의원 : 여러 가지 면에서 수도권 후보는 새로운 시대정신에 부합한다고 생각합니다."
> 기자 : 통일은 언제쯤 가능하다고 보십니까. 남북이 대치한 상황에서 남북 간 관계는 어떻게 운용해야 한다고 생각하십니까?
> A 의원 : "누가 알겠습니까? 통일이 언제 갑자기 올지…. 다만 언제가 될지 모르는 통일에 대한 준비와 함께, 통일을 앞당기려는 노력이 필요하다고 생각합니다.
> 기자 : 최근 읽으신 책 가운데 인상적인 책이 있다면 두 권만 꼽아주십시오.
> A 의원 : "댄 세노르, 사울 싱어의 '창업국가'와 최재천 교수의 '손잡지 않고 살아남은 생명은 없다'입니다.
> 이 책에는 정부 관료와 기업인들은 물론 혁신적인 리더십이 필요한 사람들이 참고할만한 내용들이 풍부하게 담겨져 있습니다. 특히 인텔 이스라엘 설립자 도브 프로먼의 '리더의 목적은 저항을 극대화 시키는 일이다. 그래야 의견차이나 반대를 자연스럽게 드러낼 수 있기 때문이다'라는 말에서, 서로의 의견 차이를 존중하면서도 끊임없는 토론을 자극하는 이스라엘 문화의 특징이 인상 깊었습니다. 뒤집어 생각해보면, 다양한 사람들의 반대 의견까지 청취하고 받아들이는 리더의 자세가, 제가 중요하게 여기는 '<u>경청의 리더십</u>, <u>서번트 리더십</u>'과도 연결되지 않나 싶습니다.
> (후략)

① 탁월한 리더가 되기 위해서는 차가운 지성만이 아닌 뜨거운 가슴도 함께 가지고 있어야 한다.

② 리더 자신의 특성에서 나오는 힘과 부하들이 리더와 동일시하려는 심리적 과정을 통해서 영향력을 행사하며, 부하들에게 미래에 대한 비전을 제시하거나 공감할 수 있는 가치체계를 구축하여 리더십을 발휘하게 하는 것이다.

③ 리더가 직원을 보상 및 처벌 등으로 촉진시키는 것이다.

④ 자신에게 실행하는 리더십을 말하는 것으로 자신이 스스로에게 영향을 미치는 지속적인 과정이다.

⑤ 기업 조직에 적용했을 경우 기업에서는 팀원들이 목표달성뿐만이 아닌 업무와 관련하여 개인이 서로 성장할 수 있도록 지원하고 배려하는 것이라고 할 수 있다.

62 아래 대화내용을 읽고 이와 관련해 조사자의 질문형식에 대한 설명으로 바르지 않은 것을 고르면?

사례 – 강남역 살인사건

조사자 : 이번 강남역 살인사건과 관련해 공공안전성의 관심이 높아지고 있는데 이에 대한 당신의 의견을 자유롭게 말씀해주세요

시민 1 : 공중화장실 시설의 전반적인 개선이 이루어져야 한다고 봅니다. 이에 대한 관련 법령의 개정도 필요하다고 생각합니다.

시민 2 : 근본적으로 안전사회로 가기 위한 노력이 필요하다고 생각합니다. 그 이유로는 여성 등 안전에 취약한 사람들이 위험한 상황에 처하지 않게 주차시설에 CCTV를 설치하는 등의 노력이 있어야 할 것입니다.

시민 3 : 지속적인 관심으로 사회전반적인 구조적 모순을 잡아가야 한다고 생각합니다. 왜냐하면 사건이 터지면 그때 그때마다 반짝하는 방식의 관심만 집중되는 것 같아서 그렇습니다.
---

① 주관식 형태의 질문에 해당한다.

② 너무나 많고 다양한 응답이 나올 수 있으므로 혼란을 초래할 수 있다.

③ 다양하고 광범위한 응답을 얻을 수 있다.

④ 이러한 방식으로 수집한 자료는 일반화시켜 코딩하기가 상당히 용이하다는 이점이 있다.

⑤ 조사자가 실제 기대하지 않았던 창의적인 응답을 얻어 조사에 도움이 될 수 있다.

63 다음의 내용이 설명하는 것으로 올바른 것을 고르면?

이것은 기업의 조직에서 관리자가 권력을 지니는 것은 그가 많은 잠재적 보상능력(호의적인 인사고과, 인정, 급여인상, 승진, 호의적인 업무할당 및 책임부여, 격려 등)을 지니고 있기 때문이다. 하지만 호의적인 업무나 또는 조직 내 중요한 책임할당의 경우에 수임자가 이러한 무거운 책임감을 부담스러워 하든가 불안해한다면 그것은 보상이라고 볼 수 없다.
---

① 강압적 권력

② 전문적 권력

③ 준거적 권력

④ 합법적 권력

⑤ 보상적 권력

64 아래 그림은 최초의 표준화 된 포트폴리오 모형인 BCG 매트릭스이다. BCG 매트릭스는 각 SBU의 수익과 현금흐름이 실질적으로 판매량과 밀접한 관계에 있다는 가정 하에 작성된 모형인데, 다음 중 아래 그림에 관한 설명으로 바르지 않은 것을 고르면?

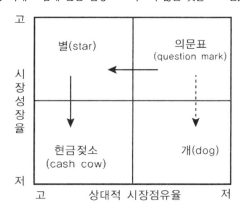

① 별의 경우에는 자금의 투자를 필요로 하며, 동시에 경쟁우위가 있어 많은 수익을 발생시키는 사업부이다.

② 젖소의 경우 시장리더로서 안정적인 지위를 확보하고 있어 많은 이익을 발생시키는 형태이다.

③ 의문표의 경우 대단히 매력적이지만 상대적으로 시장점유율이 낮기 때문에 오히려 시장성장에 따른 잠재적 이익이 실현될 수 있는 사업부이다.

④ 개의 경우 이익 창출도 어렵고 미래에 개선가능성도 희박하므로 해당사업을 축소 또는 철수하는 전략을 택할 수 있다.

⑤ 위 매트릭스는 시장성장률과 상대적인 시장점유율이 기업의 현금흐름과 깊은 관계가 있다고 가정하고 있다.

65 다음 중 프로젝트 조직에 관한 내용으로 가장 옳지 않은 것은?

① 기업 조직 내의 특정 사업 목표를 달성하기 위해 임시적으로 인적 및 물적 자원 등을 결합하는 조직 형태이다.

② 해산을 전제로 해서 임시로 편성된 일시적인 조직이다.

③ 혁신적이면서 비일상적인 과제를 해결을 위해 형성되는 정태적인 조직이다

④ 개발 요원의 활용에 있어 비효율성이 증가할 수 있다.

⑤ 프로젝트 자체가 시간적인 유한성의 성격을 지니고 있으므로 프로젝트 조직도 임시적이면서 잠정적이다.

66 제4자 물류에 관한 설명으로 가장 옳지 않은 것은?

① 앤더슨 컨설팅에 따르면 4PL은 "하주기업에게 포괄적인 공급사슬 솔루션을 제공하기 위해, 물류서비스 제공기업이 자사의 부족한 부문을 보완할 수 있는 타사의 경영자원, 능력 및 기술과 연계하여 보다 완전한 공급사슬 솔루션을 제공하는 공급사슬 통합자"라고 정의한다.

② 4PL은 공급사슬의 모든 활동과 계획 및 관리를 전담한다는 의미를 지니고 있다.

③ 4PL 성공의 핵심은 고객에게 제공되는 서비스를 극대화하는 것이라 할 수 있다.

④ 4PL은 전체적인 공급사슬에 영향을 주는 능력을 통해 가치를 증식시킨다.

⑤ 4PL은 3PL보다 범위가 좁은 공급사슬 역할을 담당한다.

67 고객생애가치의 특징에 관한 설명 중 가장 바르지 않은 것은?

① 고객과 기업 간에 존재하는 관계의 전체적인 가치가 아닌 한 시점에서의 가치이다.

② 고객생애가치는 매출액이 아니고 이익을 의미한다.

③ 우량 고객의 효과적 관리를 위해서는 이들이 느끼는 가치에 따라 보상 프로그램을 차별적으로 실시하는 것이 바람직하다.

④ 고객생애가치를 산출함에 있어서 기업은 어떤 고객이 기업에게 이롭고 유리한 고객인가를 파악할 수 있다.

⑤ 고객의 이탈률이 낮을수록 증가하게 된다.

68 조사방법과 자료수집 방법이 결정되면 조사대상을 어떻게 선정할 것인가 하는 문제에 직면하게 된다. 이 때 표본설계는 전수조사를 할 것인가 표본조사를 할 것인가를 먼저 정해야 하는데, 다음 중 표본설계 시 고려요인에 해당하지 않는 것을 고르면?

① 표본 크기

② 표본 단위

③ 표본추출절차

④ 모집단의 분류

⑤ 자료수집수단

69 기업 조직의 상하 구성원들이 서로의 참여 과정을 통해 기업 조직 단위와 구성원의 목표를 명확하게 설정하고, 그로 인한 생산 활동을 수행하도록 한 뒤, 업적을 측정 및 평가함으로써 조직 관리에 있어서의 효율화를 기하려는 일종의 포괄적인 조직관리 체제를 의미한다. 또한 이 방식은 종합적인 조직운영 기법으로 활용될 뿐만 아니라, 근무성적평정 수단으로, 더 나아가 예산운영 및 재정 관리의 수단으로 다양하게 활용되고 있는 방식인데, 이를 무엇이라고 하는가?

① X이론

② 목표에 의한 관리

③ Y이론

④ 자기통제

⑤ 문제해결

70 다음 중 자료에 관련한 내용들로 가장 거리가 먼 것을 고르면?

① 1차 자료는 어떤 목적을 달성하기 위하여 직접 수집하여 생성한 자료이다.

② 1차 자료는 2차 자료에 비하여 시간, 비용, 인력이 많이 든다.

③ 정보는 개인이나 조직의 의사결정에 이용됨으로써 개인이나 조직의 행동방향을 결정지어 준다.

④ 자료는 관찰이나 또는 측정 등을 통해 수집된 정보를 실제 문제해결에 도움이 될 수 있도록 해석하고 정리한 것이다.

⑤ 2차 자료에는 정부에서 발표하는 각종 통계자료, 이미 발표된 논문, 신문기사, 각종 기관이나 조사회사에서 발표되는 결과 등이 포함된다.

71 다음 의사결정의 이론 모형 중 기술적 모형에 관한 내용으로 가장 옳지 않은 것은?

① 현실상황에서 실제로 의사결정을 내리는 방식을 설명하는 모형을 말한다.

② 의사결정자는 대안과 그 결과에 대해 완전한 정보를 가질 수 있는 무제한 합리성을 전제로 한다.

③ 이러한 모형에서의 의사결정자는 관리적 인간으로 만족을 추구한다.

④ 제약된 합리성 하에서 의사결정을 내리는 경우에 최적의 의사결정보다는 만족스러운 의사결정을 추구한다.

⑤ 지식의 불완전성, 예측의 곤란성, 가능한 대체안의 제약을 전제하는데 주로 비정형화된 문제해결에 적합하다.

72 매트릭스형 바코드에 관한 설명으로 가장 옳지 않은 것은?

① 이러한 바코드는 정방형의 동일한 폭의 흑백 요소를 모자이크 식으로 배열하여 데이터를 구성하므로 심볼은 체크 무늬의 형태를 띤다.

② 매트릭스 코드에는 QR Code, Maxicode, Code 1, Data Matrix, Vericode, ArrayTag, Dot Code, Softstripe 등이 있다.

③ 매트릭스 바코드에서 심볼을 판독하게 되는 스캐너는 각 정방형의 요소가 검은지 흰지를 식별해 내고 이 흑백 요소를 데이터의 비트로 삼아서 문자를 구성하게 되는데, 이런 구조로 말미암아 다층형 심볼로지나 선형 심볼로지보다 더 어렵게 인쇄나 판독을 할 수 있다.

④ Maxi Code CODE는 1989년 미국의 유수 택배회사인 UPS사에 의해 개발된 매트릭스형 코드이다.

⑤ Maxi Code는 UPS에서 운반 처리하는 소포와 패키지의 분류와 추적관리, 대금청구를 신속하고 정확하게 처리하여 내부의 물류관리 효율을 증대시키고 고객에 대한 서비스를 향상시키기 위해 개발되었다.

73 아래 그림의 노란색 점선으로 표시된 부분과 같은 형태의 바코드에 관한 설명으로 가장 옳지 않은 것을 고르면?

① 개별적인 물류작업과 물류정보시스템을 유기적으로 결합해야 한다.

② GS1-14는 박스단위의 표준물류 코드이다.

③ 이 코드는 주로 박스의 식별에 사용되는 국제표준 물류바코드이다.

④ 바코드 심볼 자체와 표시되는 상품코드번호를 함께 부를 경우에 사용한다.

⑤ GS1-14는 포장박스를 열지 않고서는 내용물이 무엇인지를 확인할 수 없다.

74 아래에 제시된 그림은 POS 시스템 형태 중 일부를 나타낸 것이다. 다음 중 이에 관한 설명으로 가장 바르지 않은 항목을 고르면?

① POS 터미널의 도입에 의해 판매원 교육 및 훈련시간이 짧아지고 이로 인한 입력 오류를 방지할 수 없다.

② 전자주문 시스템과 연계하여 신속하고 적절한 구매를 할 수 있다.

③ 단품관리에 의해 잘 팔리는 상품과 잘 팔리지 않는 상품을 즉각적으로 찾아낼 수 있다.

④ 재고의 적정화, 물류관리의 합리화, 판촉 전략의 과학화 등을 가져올 수 있다.

⑤ 점포등록시간이 단축되어 고객대기시간이 줄어들며, 그로 인해 계산대의 수를 줄임으로써 인력 및 비용절감의 효과를 얻을 수 있다.

75 다음 중 소비자 중심경영(Customer Centered Management)에 관한 사항으로 바르지 않은 것을 고르면?

① 기업이 수행하는 모든 활동을 소비자 관점과 중심으로 재구성하는 경영기법이다.

② 소비자 권익 증진 노력을 통한 소비자 후생 증대에 기여를 한다.

③ 우리나라에서는 지식경제부가 "소비자중심경영 인증제도"를 도입하여 시행 중이다.

④ "소비자중심경영 인증제도"를 도입할 경우 사후적인 분쟁해결 및 시정조치에 필요한 비용 절감의 효과를 기대할 수 있다.

⑤ 기업의 소비자 지향적 경영 문화 확산과 소비자 관련 시스템 구축과 정비를 통한 대내외 경쟁력을 강화하고, 소비자 권익 증진 노력을 통한 소비자 후생 증대에 기여하는 것을 목표로 한다.

76 다음 중 운송, 보관, 하역 등에 있어 화물유통의 각 단계에서 기계화, 자동화를 촉진하고 일관 수송이 가능하도록 포장의 규격, 구조 또는 컨테이너, 파레트, 지게차, 컨베이어, 파렛타이저 등 각종 물류기기 및 운송수단의 강도, 규격, 재질, 구조 등을 국가적인 효율성 차원에서 규격화, 통일화 하는 것을 무엇이라고 하는가?

① 물류서비스

② 물류표준화

③ 유닛로드시스템

④ 물류공동화

⑤ 리엔지니어링

77 각 소매점에서 생선, 청과, 정육 등을 포장하면서 일정한 기준에 의해서 라벨러를 활용하거나 또는 컴퓨터를 활용해서 바코드 라벨을 출력, 이러한 라벨을 하나하나 인간이 직접 제품에 부착시키는 것을 인스토어 마킹이라고 한다. 다음 중 인스토어 마킹에 관한 내용으로 부적절한 것을 고르면?

① 라벨을 상품에 붙이는 관계로 라벨이 떨어질 우려가 없고 장기간이 지나도 바코드의 흑색 Bar가 퇴색하지 않으므로 판독 시에 오독의 우려가 없다.

② 이는 인스토어 마킹을 실시하는 해당업체에서만 활용이 가능하다.

③ 정육, 생선, 청과 및 소스마킹이 안 되는 가공식품 및 잡화 등을 대상상품으로 하고 있다.

④ 라벨러 또는 컴퓨터 등에서 발행되기 때문에 바코드의 색상이 백색 바탕에 흑색 bar만을 사용, 포장이미지를 손상시킬 우려가 있다

⑤ 각 소매 점포에서 바코드 라벨을 한장 한장 발행해서 일일이 제품에 부착하기 때문에 부착 작업을 전담할 인원이 필요하다.

78 일반적으로 채찍효과는 제품에 대한 수요정보가 공급사슬상의 참여 주체를 하나씩 거쳐서 전달될 때마다 계속적으로 왜곡됨을 뜻하는데 다음 중 채찍효과(Bull-whip Effect)에 대한 내용으로 바르지 않은 것을 고르면?

① 공급망에 있어 수요의 작은 변동이 제조업체에 전달될 때 확대되어 제조업자에게는 수요의 변동이 매우 불확실하게 보이게 된다.

② 정보가 왜곡되어 공급 측에 재고가 쌓이게 되며, 이로 인해 고객에 대한 서비스의 수준도 저하되게 된다.

③ 생산계획이 차질을 빚고, 수송의 비효율과 같은 악영향도 발생되며, 배치(Batch)식의 주문으로 인해서 필요 이상의 기간이 소요되는 등의 문제가 발생되어진다.

④ 공급에 대한 정보의 분산화 및 공유가 이루어지도록 해야 한다.

⑤ 공급체인 구성원 간의 전략적인 관계를 강화해야 한다.

79 아래에서 S 기업이 물류비용 5%를 추가로 절감할 경우, S 기업은 얼마의 매출액을 증가시키는 것과 동일한 효과를 얻게 되는가?

- S 기업 총 매출액 : 100억 원
- 매출액 대비 물류비 비중 : 10%
- 매출액 대비 이익률 : 5%

① 1억 원

② 1억 1천만 원

③ 10억 원

④ 11억 원

⑤ 110억 원

80 크로스도킹은 물류 센터로 입고되는 상품을 물류 센터에 보관하는 것이 아닌 분류 또는 재포장의 과정을 거쳐 이를 곧바로 다시 배송하는 물류 시스템을 말하는데 다음은 크로스도킹(Cross-Docking)의 전략을 설명한 것이다. 이 중 가장 잘못된 것은 무엇인가?

① 창고나 물류센터에서 수령한 물품을 재고로 보관하는 것이 아니라 입고와 동시에 출고하여 배송하는 물류 시스템을 말한다.

② 크로스도킹 전략을 가장 효율적으로 활용하는 업종은 유통업, 도매 배송업 및 항만터미널 운영업 등이다.

③ 크로스도킹 전략은 유통업체의 결품 감소, 재고수준 감소, 물류센터에서의 회전율 감소 및 상품의 공급 용이성이 증대되는 기대효과가 있다.

④ 크로스도킹 전략을 효율적으로 구현하기 위해서는 사전에 활동원가분석을 실시하는 것이 좋다.

⑤ 크로스도킹 전략에서는 EAN/UCC표준, EDI 등을 통한 정보교환체제가 잘 구축되어 있어야 한다.

한국관광공사

필기시험 모의고사

- 일반직5급 -

제 2 회	영 역	직업기초능력평가 (의사소통능력, 수리능력, 문제해결능력, 자원관리능력) 직무수행능력평가(경영학)
	문항수	40문항, 40문항
	시 간	90분
	비 고	객관식 5지선다형

>> 직업기초능력평가

1   다음 글의 내용을 참고할 때, 빈 칸에 들어갈 가장 적절한 말은 어느 것인가?

사람을 비롯한 포유류에서 모든 피를 만드는 줄기세포는 뼈에 존재한다. 그러나 물고기의 조혈 줄기세포(조혈모세포)는 신장에 있다. 신체의 특정 위치 즉 '조혈 줄기세포 자리(blood stem cell niche)'에서 피가 만들어진다는 사실을 처음 알게 된 1970년대 이래, 생물학자들은 생물들이 왜 서로 다른 부위에서 이 기능을 수행하도록 진화돼 왔는지 궁금하게 여겨왔다. 그 40년 뒤, 중요한 단서가 발견됐다. 조혈 줄기세포가 위치한 장소는 (   ) 진화돼 왔다는 사실이다.

이번에 발견된 '조혈 줄기세포 자리' 퍼즐 조각은 조혈모세포 이식의 안전성을 증진시키는데 도움이 될 것으로 기대된다. 연구팀은 실험에 널리 쓰이는 동물모델인 제브라 피쉬를 관찰하다 영감을 얻게 됐다.

프리드리히 카프(Friedrich Kapp) 박사는 "현미경으로 제브라 피쉬의 조혈 줄기세포를 관찰하려고 했으나 신장 위에 있는 멜라닌세포 층이 시야를 가로막았다"고 말했다. 멜라닌 세포는 인체 피부 색깔을 나타내는 멜라닌 색소를 생성하는 세포다.

카프 박사는 "신장 위에 있는 멜라닌세포의 모양이 마치 파라솔을 연상시켜 이 세포들이 조혈줄기세포를 자외선으로부터 보호해 주는 것이 아닐까 하는 생각을 하게 됐다"고 전했다. 이런 생각이 들자 카프 박사는 정상적인 제브라 피쉬와 멜라닌세포가 결여된 변이 제브라 피쉬를 각각 자외선에 노출시켰다. 그랬더니 변이 제브라 피쉬의 조혈 줄기세포가 줄어드는 현상이 나타났다. 이와 함께 정상적인 제브라 피쉬를 거꾸로 뒤집어 자외선을 쬐자 마찬가지로 줄기세포가 손실됐다.

이 실험들은 멜라닌세포 우산이 물리적으로 위에서 내리쬐는 자외선으로부터 신장을 보호하고 있다는 사실을 확인시켜 주었다.

① 줄기세포가 햇빛과 원활하게 접촉할 수 있도록
② 줄기세포에 일정한 양의 햇빛이 지속적으로 공급될 수 있도록
③ 멜라닌 색소가 생성되기에 최적의 공간이 형성될 수 있도록
④ 멜라닌세포 층과 햇빛의 반응이 최소화될 수 있도록
⑤ 햇빛의 유해한 자외선(UV)으로부터 이 줄기세포를 보호하도록

2   다음 글이 어느 전체 글의 서론에 해당하는 내용일 때, 본론에서 다루어질 내용이라고 판단하기에 적절하지 않은 것은 어느 것인가?

지난 2017년 1월 20일 제 45대 미국 대통령으로 취임한 도널드 트럼프는 미국 내 석유·천연가스 생산을 증진하고 수출을 늘려 미국의 고용과 성장을 추구하며 이를 위해 각종 규제들을 완화하거나 폐지해야 한다는 주장을 해왔다. 이어 트럼프 행정부는 취임 직후부터 에너지 부문 규제를 전면 재검토하고 중단되었던 에너지 인프라 프로젝트를 추진하는 등 관련 조치들을 단행하였다. 화석에너지 자원을 중시하는 트럼프 행정부의 에너지 정책은 과거 오바마 행정부가 온실가스 감축과 신재생에너지 확산을 중시하면서 화석연료 소비는 절약 및 효율개선을 통해 줄이려했던 것과는 반대되는 모습이다.

셰일혁명에 힘입어 세계 에너지 시장과 산업에서 미국의 영향력은 점점 커지고 있어 미국의 정책 변화는 미국의 에너지 산업이나 에너지수급 뿐만 아니라 세계 에너지 시장과 산업에 상당한 영향을 미칠 수 있다. 물론 미국의 행정부 교체에 따른 에너지정책 변화가 미국과 세계의 에너지 부문에 급격히 많은 변화를 야기할 것이라는 전망은 다소 과장된 것일 수 있다. 미국의 에너지정책은 상당부분 주정부의 역할이 오히려 더 중요한 역할을 하고 있기도 하고 미국의 에너지시장은 정책 요인보다는 시장논리에 따라서 움직이는 요소가 크다는 점에서 연방정부의 정책 변화의 영향은 제한적일 것이라는 분석도 일리가 있다. 또한 기후변화 대응을 위한 온실가스 감축노력과 저탄소 에너지 사용 확대 노력은 이미 세계적으로 대세를 형성하고 있어 이러한 흐름을 미국이 역행하는 것은 한계가 있다는 견해도 많다.

어쨌든 트럼프 행정부가 이미 출범했고 화석연료 중심의 에너지정책과 규제 완화 등 공약사항들을 상당히 빠르게 추진하고 있어 이에 따른 미국 및 세계 에너지 수급과 에너지 시장에의 영향을 조기에 전망하고 우리나라의 에너지수급과 관련된 사안이 있다면 이에 대한 적절한 대응을 위한 시사점을 찾아낼 필요가 있으며 트럼프 행정부 초기에 이러한 작업을 하는 것은 매우 시의적절하다 하겠다.

① 트럼프 행정부의 에너지 정책 추진 동향에 대한 분석
② 세계 에너지부문에의 영향을 파악하여 우리나라의 대응 방안 모색
③ 미국의 화석에너지 생산 및 소비 현황과 국제적 비중 파악
④ 중국, EU 등 국제사회와의 무역 갈등에 대한 원인과 영향 분석
⑤ 기후변화에 따른 국제사회와의 협약 이행 여부 및 기후변화에 대한 인식 파악

3 다음 글에서 언급된 밑줄 친 '합리적 기대이론'에 대한 설명으로 적절하지 않은 것은 무엇인가?

과거에 중앙은행들은 자신이 가진 정보와 향후의 정책방향을 외부에 알리지 않는 이른바 비밀주의를 오랜 기간 지켜왔다. 통화정책 커뮤니케이션이 활발하지 않았던 이유는 여러 가지가 있었지만 무엇보다도 통화정책 결정의 영향이 파급되는 경로가 비교적 단순하고 분명하여 커뮤니케이션의 필요성이 크지 않았기 때문이었다. 게다가 중앙은행에게는 권한의 행사와 그로 인해 나타난 결과에 대해 국민에게 설명할 어떠한 의무도 부과되지 않았다.

중앙은행의 소극적인 의사소통을 옹호하는 주장 가운데는 비밀주의가 오히려 금융시장의 발전을 가져올 수 있다는 견해가 있었다. 중앙은행이 모호한 표현을 이용하여 자신의 정책의도를 이해하기 어렵게 설명하면 금리의 변화 방향에 대한 불확실성이 커지고 그 결과 미래 금리에 대한 시장의 기대가 다양하게 형성된다. 이처럼 미래의 적정금리에 대한 기대의 폭이 넓어지면 금융거래가 더욱 역동적으로 이루어짐으로써 시장의 규모가 커지는 등 금융시장이 발전하게 된다는 것이다. 또한 통화정책의 효과를 극대화하기 위해 커뮤니케이션을 자제해야 한다는 생각이 통화정책 비밀주의를 오래도록 유지하게 한 요인이었다. 합리적 기대이론에 따르면 사전에 예견된 통화정책은 경제주체의 기대 변화를 통해 가격조정이 정책의 변화 이전에 이루어지기 때문에 실질생산량, 고용 등의 변수에 변화를 가져올 수 없다. 따라서 단기간 동안이라도 실질변수에 변화를 가져오기 위해서는 통화정책이 예상치 못한 상황에서 수행되어야 한다는 것이다.

이 외에 통화정책결정에 있어 중앙은행의 독립성이 확립되지 않은 경우 비밀주의를 유지하는 것이 외부의 압력으로부터 중앙은행을 지키는 데 유리하다는 견해가 있다. 중앙은행의 통화정책이 공개되면 이해관계가 서로 다른 집단이나 정부 등이 정책결정에 간섭할 가능성이 커지고 이들의 간섭이 중앙은행의 독립적인 정책수행을 어렵게 할 수 있다는 것이다.

① 사람들은 현상을 충분히 합리적으로 판단할 수 있으므로 어떠한 정책 변화도 미리 합리적으로 예상하여 행동한다.

② 경제주체들이 자신의 기대형성 방식이 잘못되었다는 것을 알면서도 그런 방식으로 계속 기대를 형성한다고 가정하는 것이다.

③ 예상하지 못한 정책 충격만이 단기적으로 실질변수에 영향을 미친다.

④ 1년 후의 물가가 10% 오를 것으로 예상될 때 10% 이하의 금리로 돈을 빌려 주면 손실을 보게 되기 때문에, 대출 금리를 10% 이상으로 인상시켜 놓게 된다.

⑤ 임금이나 실업 수준 등에 실질적인 영향을 미치고자 할 때에는 사람들이 예상하지 못하는 방법으로 통화 공급을 변화시켜야 한다.

4 다음은 농어촌 주민의 보건복지 증진을 위해 추진하고 있는 방안을 설명하는 글이다. 주어진 단락 ㈎~㈓ 중 농어촌의 사회복지서비스를 소개하고 있는 단락은 어느 것인가?

㈎ 「쌀 소득 등의 보전에 관한 법률」에 따른 쌀 소득 등 보전 직접 지불금 등은 전액 소득인정액에 반영하지 않으며, 농어민 가구가 자부담한 보육비용의 일부, 농어업 직접 사용 대출금의 상환이자 일부 등을 소득 산정에서 제외하고 있다. 또한 경작농지 등 농어업과 직접 관련되는 재산의 일부에 대해서도 소득환산에서 제외하고 있다.

㈏ 2019년까지 한시적으로 농어민에 대한 국민연금보험료 지원을 실시하고 있다. 기준소득 금액은 910천 원으로 본인이 부담할 연금 보험료의 1/2를 초과하지 않는 범위 내에서 2015년 최고 40,950원/월을 지원하였다.

㈐ 급격한 농어촌 고령화에 따라 농어촌 지역에 거주하는 보호가 필요한 거동불편노인, 독거노인 등에게 맞춤형 대책을 제공하기 위한 노인돌보기, 농어촌 지역 노인의 장기 요양 욕구 충족 및 부양가족의 부담 경감을 위한 노인요양시설 확충 등을 추진하고 있다.

㈑ 농어촌 지역 주민의 암 조기발견 및 조기치료를 유도하기 위한 국가 암 검진 사업을 지속적으로 추진하고, 농어촌 재가암환자서비스 강화를 통하여 농어촌 암환자의 삶의 질 향상, 가족의 환자 보호·간호 등에 따른 부담 경감을 도모하고 있다.

㈒ 휴·폐경농지, 3년 이상 계속 방치된 빈 축사 및 양식장 등은 건강보험료 산정 시 재산세 과세표준금액의 20%를 감액하여 적용하는 등 보험료 부과 기준을 완화하여 적용하고 있다. 소득·재산 등 보험료 납부 능력 여부를 조사하여 납부 능력이 없는 세대는 체납보험료를 결손 처분하고 의료급여 수급권자로 전환하고 있다.

① ㈎

② ㈏

③ ㈐

④ ㈑

⑤ ㈒

5 다음 글의 내용을 통해 알 수 있는 '풋 귤'의 특징으로 적절한 것은 어느 것인가?

풋 귤이란 덜 익어서 껍질이 초록색인 감귤을 가리킨다. 감귤의 적정 생산량을 조절하기 위해 수확 시기보다 이르게 감귤나무에서 미숙한 상태로 솎아내는 과일이다. 얼마 전까지만 해도 풋 귤은 '청귤'로 많이 불렸다. 색깔이 노란색이 아닌 초록색이어서 붙여진 이름이다. 그런데 사실 이는 잘못된 일이다. 청귤은 엄연한 감귤의 한 품종으로서 제주의 고유 품종 중 하나다. 다른 감귤과 달리 꽃이 핀 이듬해인 2월까지 껍질이 푸르며, 3~4월이 지나서야 황색으로 변하게 된다. 여러 감귤 품종 중에서도 특히 추위와 질병에 강한 생태적 특성을 지닌 것으로 알려져 있다.

재래종인 만큼 한 때는 제주도에서 생산되는 감귤 중 상당량이 청귤이었지만, 개량된 감귤의 위세에 밀려 현재는 생산량이 많이 줄어든 상황이다. 따라서 감귤의 미숙과를 청귤이라고 부르는 것은 잘못된 호칭이며, 풋 귤이라 부르는 것이 보다 정확한 표현이다.

사실 풋 귤이 시장의 주목을 받기 시작한 것은 얼마되지 않는다. 일정 품질과 당도를 유지하는 감귤을 만들기 위해 열매 일부분을 익기도 전에 따서 버렸기에 제대로 된 이름조차 갖지 못했다. 그러던 풋 귤이 특색 있는 식재료로 인정받아 유통 품목의 하나로 자리를 잡기 시작한 것은 지난 2015년부터의 일이다. 영양학적 가치를 인정받았기 때문이다.

최근 들어서는 기존의 감귤 시장을 위협할 정도로 수요가 꾸준히 늘고 있다. 특히 수입과일인 레몬이나 라임 등을 대체할 수 있는 먹거리로 풋 귤이 떠오르면서 국내는 물론 해외에서도 관심의 대상이 되고 있다.

감귤연구소 연구진은 사람의 각질세포에 풋 귤에서 추출한 물질을 1% 정도만 처리해도 '히알루론산(hyaluronic acid)'이 40%나 증가한다는 사실을 확인했다. 히알루론산은 동물의 피부에 많이 존재하는 생체 합성 천연 물질이다. 수산화기(-OH)가 많은 친수성 물질이며 사람이나 동물 등의 피부에서 보습 작용 역할을 하는 것으로 알려져 있다. 이에 대해 감귤연구소 관계자는 "각질층에 수분이 충분해야 피부가 건강하고 탄력이 생긴다."라고 설명하며 "피부의 주름과 탄성에 영향을 주는 히알루론산이 많이 생성된 것을 볼 때 풋 귤의 보습효과는 탁월하다"라고 밝혔다.

풋 귤은 보습 효과 외에 염증 생성을 억제하는 효과도 뛰어난 것으로 드러났다. 연구진은 동물의 백혈구를 이용한 풋 귤 추출물의 염증 억제 실험을 진행했다. 그 결과 풋귤 추출물을 200ug/mL 처리했더니 일산화질소 생성이 40%p 정도 줄었고, 염증성 사이토 카인의 생성도 대폭 억제되는 것으로 밝혀졌다. 일산화질소(NO)와 염증성 사이토카인(cytokine)은 염증 반응의 대표 지표 물질이다. 이에 대해 감귤연구소 관계자는 '풋 귤은 익은 감귤에 비해 총 폴리페놀(polyphenol)과 총 플라보노이드(flavonoid) 함량이 2배 이상 높은 것으로 나타났다'라고 강조했다.

① 풋 귤은 다른 감귤보다 더 늦게 황색으로 변하며 더 오랜 시간 황색을 유지한다.

② 풋 귤은 일반 감귤이 덜 익은 상태로 수확된 것을 의미하는 것이 아니다.

③ 풋 귤이 감귤보다 더 맛이 있다.

④ 풋 귤에는 히알루론산이 다량 함유되어 있다.

⑤ 풋 귤에 함유되어 있는 폴리페놀과 플라보노이드는 염증 생성을 억제하는 기능을 한다.

6 다음에 해당하는 언어의 기능은?

이 기능은 우리가 세계를 이해하는 정도에 비례하여 수행된다. 그러면 세계를 이해한다는 것은 무엇인가? 그것은 이 세상에 존재하는 사물에 대하여 이름을 부여함으로써 발생하는 것이다. 여기 한 그루의 나무가 있다고 하자. 그런데 그것을 나무라는 이름으로 부르지 않는 한 그것은 나무로서의 행세를 못한다. 인류의 지식이라는 것은 인류가 깨달아 알게 되는 모든 대상에 대하여 이름을 붙이는 작업에서 형성되는 것이라고 말해도 좋다. 어떤 사물이건 거기에 이름이 붙으면 그 사물의 개념이 형성된다. 다시 말하면, 그 사물의 의미가 확정된다. 그러므로 우리가 쓰고 있는 언어는 모두가 사물을 대상화하여 그것에 의미를 부여하는 이름이라고 할 수 있다.

① 정보적 기능
② 친교적 기능
③ 명령적 기능
④ 관어적 기능
⑤ 미적 기능

7 두 과학자 진영 A와 B의 진술 내용과 부합하지 않는 것은?

우리 은하와 비교적 멀리 떨어져 있는 은하들이 모두 우리 은하로부터 점점 더 멀어지고 있다는 사실이 확인되었다. 이 사실을 두고 우주의 기원과 구조에 대해 서로 다른 견해를 가진 두 진영이 다음과 같이 논쟁하였다.

A진영 : 우주는 시간적으로 무한히 오래되었다. 우주가 팽창하는 것은 사실이다. 그렇다고 우리 견해가 틀렸다고 볼 필요는 없다. 우주는 팽창하지만 전체적으로 항상성을 유지한다. 은하와 은하가 멀어질 때 그 사이에서 물질이 연속적으로 생성되어 새로운 은하들이 계속 형성되기 때문이다. 비록 우주는 약간씩 변화가 있겠지만, 우

주 전체의 평균 밀도는 일정하게 유지된다. 만일 은하 사이에서 새로 생성되는 은하를 관측한다면, 우리의 가설을 입증할 수 있다. 반면 우주가 자그마한 씨앗으로부터 대폭발에 의해 생겨났다는 주장은 터무니없다. 이처럼 방대한 우주의 물질과 구조가 어떻게 그토록 작은 점에 모여 있을 수 있겠는가?

B진영 : A의 주장은 터무니없다. 은하 사이에서 새로운 은하가 생겨난다면 도대체 그 물질은 어디서 온 것이라는 말인가? 은하들이 우리 은하로부터 점점 더 멀어지고 있다는 사실은 오히려 우리 견해가 옳다는 것을 입증할 뿐이다. 팽창하는 우주를 거꾸로 돌린다면 우주가 시공간적으로 한 점에서 시작되었다는 결론을 얻을 수 있다. 만일 우주 안의 모든 물질과 구조가 한 점에 있었다면 초기 우주는 현재와 크게 달랐을 것이다. 대폭발 이후 우주의 물질들은 계속 멀어지고 있으며 우주의 밀도는 계속 낮아지고 있다. 대폭발 이후 방대한 전자기파가 방출되었는데, 만일 우리가 이를 관측한다면, 우리의 견해가 입증될 것이다.

① A에 따르면 물질의 총 질량이 보존되지 않는다.

② A에 따르면 우주는 시작이 없고, B에 따르면 우주는 시작이 있다.

③ A에 따르면 우주는 국소적인 변화는 있으나 전체적으로는 변화가 없다.

④ A와 B는 인접한 은하들 사이의 평균 거리가 커진다는 것을 받아들인다.

⑤ A와 B는 은하가 서로 멀어질 때 새로운 은하들이 형성된다고 보았다.

---

8 다음 사례를 통해 알 수 있는 소셜 미디어의 특징으로 가장 적절한 것은?

> ○○일보
>
> 2018년 1월 15일
> 소셜미디어의 활약, 너무 반짝반짝 눈이 부셔!
> 자연재해 시마다 소셜미디어의 활약이 눈부시다. 지난 14일 100년 만의 폭설로 인해 지하철 운행이 중단되고 곳곳의 도로가 정체되는 등 교통대란이 벌어졌지만 많은 사람들이 스마트폰의 도움으로 최악의 상황을 피할 수 있었다.
> 누리꾼들은, 폭설로 인한 전력공급 중단으로 지하철 1호선 영등포역 정차 중 올림픽대로 상행선 가양대교부터 서강대교까지 정체 중 등 서로 소셜미디어를 통해 실시간 피해 상황을 주고받았으며 이로 인해 출근 준비 중이던 대부분의 시민들은 다른 교통수단으로 혼란 없이 회사로 출근할 수 있었다.

① 정보전달방식이 일방적이다.

② 상위계층만 누리던 고급문화가 대중화된 사례이다.

③ 정보의 무비판적 수용을 조장한다.

④ 정보수용자와 제공자 간의 경계가 모호하다.

⑤ 정보 습득을 위한 비용이 많이 든다.

---

9 다음 글은 합리적 의사결정을 위해 필요한 절차적 조건 중의 하나에 관한 설명이다. 다음 보기 중 이 조건을 위배한 것끼리 묶은 것은?

> 합리적 의사결정을 위해서는 정해진 절차를 충실히 따르는 것이 필요하다. 고도로 복잡하고 불확실하나 문제 상황 속에서 결정의 절차가 합리적이기 위해서는 다음과 같은 조건이 충족되어야 한다.
>
> 〈조건〉
> 정책결정 절차에서 논의되었던 모든 내용이 결정절차에 참여하지 않은 다른 사람들에게 투명하게 공개되어야 한다. 그렇지 않으면 이성적 토론이 무력해지고 객관적 증거나 논리 대신 강압이나 회유 등의 방법으로 결론이 도출되기 쉽기 때문이다.

> 〈보기〉
> ㉠ 심의에 참여한 분들의 프라이버시 보호를 위해 오늘 회의의 결론만 간략히 알려드리겠습니다.
> ㉡ 시간이 촉박하니 회의 참석자 중에서 부장급 이상만 발언하도록 합시다.
> ㉢ 오늘 논의하는 안건은 매우 민감한 사안이니만큼 비참석자에게는 그 내용을 알리지 않을 것입니다. 그러니 회의자료 및 메모한 내용도 두고 가시기 바랍니다.
> ㉣ 우리가 외부에 자문을 구한 박사님은 이 분야의 최고 전문가이기 때문에 참석자 간의 별도 토론 없이 박사님의 의견을 그대로 채택하도록 합시다.
> ㉤ 오늘 안건은 매우 첨예한 이해관계가 걸려 있으니 상대방에 대한 반론은 자제해 주시고 자신의 주장만 말씀해주시기 바랍니다.

① ㉠, ㉡

② ㉠, ㉢

③ ㉢, ㉣

④ ㉢, ㉤

⑤ ㉣, ㉤

10 다음 보기 중, 아래 제시 글의 내용을 올바르게 이해하지 못한 것은? (실질 국외순수취 요소소득은 고려하지 않는다)

어느 해의 GDP가 그 전년에 비해 증가했다면 총 산출량이 증가했거나, 산출물의 가격이 상승했거나 아니면 둘 다였을 가능성이 있게 된다. 국가경제에서 생산한 재화와 서비스의 총량이 시간의 흐름에 따라 어떻게 변화하는지(경제성장)를 정확하게 측정하기 위해서는 물량과 가격 요인이 분리되어야 한다. 이에 따라 GDP는 명목 GDP와 실질 GDP로 구분되어 추계되고 있다. 경상가격 GDP(GDP at current prices)라고도 불리는 명목 GDP는 한 나라 안에서 생산된 최종생산물의 가치를 그 생산물이 생산된 기간 중의 가격을 적용하여 계산한 것이다. 반면에 실질 GDP는 기준연도 가격으로 측정한 것으로 불변가격 GDP(GDP at constant prices)라고도 한다.

그러면 실질 구매력을 반영하는 실질 GNI는 어떻게 산출될까? 결론적으로 말하자면 실질 GNI도 실질 GDP로부터 산출된다. 그런데 실질 GNI는 교역조건 변화에 따른 실질 무역 손익까지 포함하여 다음과 같이 계산된다.

'실질 GNI=실질 GDP+교역조건 변화에 따른 실질 무역 손익+(실질 국외순수취 요소소득)' 교역조건은 수출가격을 수입가격으로 나눈 것으로 수출입 상품간의 교환 비율이다.

교역조건이 변화하면 생산 및 소비가 영향을 받게 되고 그로 인해 국민소득이 변화하게 된다. 예를 들어 교역조건이 나빠지면 동일한 수출물량으로 사들일 수 있는 수입물량이 감소하게 된다. 이는 소비나 투자에 필요한 재화의 수입량이 줄어드는 것을 의미하며 수입재에 의한 소비나 투자의 감소는 바로 실질소득의 감소인 것이다. 이처럼 교역조건이 변화하면 실질소득이 영향을 받기 때문에 실질 GNI의 계산에는 교역조건 변화에 따른 실질 무역 손익이 포함되는 것이다. 교역조건 변화에 따른 실질 무역 손익이란 교역조건의 변화로 인해 발생하는 실질소득의 국외 유출 또는 국외로부터의 유입을 말한다.

① 한 나라의 총 생산량이 전년과 동일해도 GDP가 변동될 수 있다.
② GDP의 중요한 결정 요인은 가격과 물량이다.
③ 실질 GDP의 변동 요인은 물량이 아닌 가격이다.
④ 동일한 제품의 수입가격보다 수출가격이 높으면 실질 GNI는 실질 GDP보다 커진다.
⑤ 실질 GNI가 실질 GDP보다 낮아졌다는 것은 교역조건이 더 나빠졌다는 것을 의미한다.

11 둘레가 2,000m인 트랙의 출발점에서 A, B 두 사람이 반대 방향으로 달리고 있다. A는 분속 200m로, B는 분속 300m로 달리고 B는 A가 출발한지 2분 후에 출발하였다. 두 사람이 두 번째로 만날 때까지 걸린 시간은 B가 출발한지 몇 분이 지났을 때인가?

① $\frac{34}{7}$ 분 ② $\frac{36}{5}$ 분

③ 8분 ④ $\frac{46}{5}$ 분

⑤ $\frac{25}{8}$ 분

12 김 과장은 이번에 뽑은 신입사원을 대상으로 교육을 실시하려고 한다. 인원 파악을 해야 하는데 몇 명인지는 모르겠지만 긴 의자에 8명씩 앉으면 5명이 남는다는 것을 알았고, 또한 10명씩 앉으면 의자가 1개 남고 마지막 의자에는 7명만 앉게 된다. 의자의 수를 구하면?

① 6 ② 7
③ 8 ④ 9
⑤ 13

13 시험관에 미생물의 수가 4시간 마다 3배씩 증가한다고 한다. 지금부터 4시간 후의 미생물 수가 270,000이라고 할 때, 지금부터 8시간 전의 미생물 수는 얼마인가?

① 10,000 ② 30,000
③ 60,000 ④ 90,000
⑤ 70,000

14 아시안 게임에 참가한 어느 종목의 선수들을 A, B, C 등급으로 분류하여 전체 4천5백만 원의 포상금을 지급하려고 한다. A 등급의 선수 각각은 B 등급보다 2배, B 등급은 C 등급보다 1.5배 지급하려고 한다. A 등급은 5명, B 등급은 10명, C 등급은 15명이라면, A 등급을 받은 선수 한 명에게 지급될 금액은?

① 300만 원 ② 400만 원
③ 450만 원 ④ 500만 원
⑤ 730만 원

15 현재 58세인 홍만씨에게는 7세, 4세의 손자가 있다. 홍만씨의 나이가 두 손자 나이를 더한 것의 2배가 되었을 때 홍만씨는 몇 세이겠는가?

① 60세

② 65세

③ 70세

④ 75세

⑤ 80세

16 ABC 무역주식회사는 플라즈마 TV 핵심부품을 항공편으로 미국 뉴욕에 수출할 예정이다. 수출 시 보험과 다른 수송비 등 여타조건은 무시하고 아래 사항만을 고려할 경우에 항공운임은 얼마인가?

ⓐ 플라즈마 TV 핵심부품이 내장되고 포장된 상자의 무게는 40kg이다.

ⓑ 상기 상자의 용적은 가로 80cm, 세로 60cm, 높이 70cm인 직육면체이다.

ⓒ 항공운임은 중량 또는 부피 중 큰 것을 적용하기로 한다.

ⓓ 요율(최저운임은 US$ 200)
  • 50kg 미만 : US$ 17/kg
  • 50kg 이상~60kg 미만 : US$ 13/kg
  • 60kg 이상~80kg 미만 : US$ 10/kg
  • 80kg 이상~100kg 미만 : US$ 7/kg

---

① US$ 315

② US$ 334

③ US$ 680

④ US$ 720

⑤ US$ 728

❙ 17-18 ❙ 2015년 사이버 쇼핑몰 상품별 거래액에 관한 표이다. 물음에 답하시오.

(단위 : 백만 원)

	1월	2월	3월	4월	5월	6월	7월	8월	9월
컴퓨터	200,078	195,543	233,168	194,102	176,981	185,357	193,835	193,172	183,620
소프트웨어	13,145	11,516	13,624	11,432	10,198	10,536	45,781	44,579	42,249
가전·전자	231,874	226,138	251,881	228,323	239,421	255,383	266,013	253,731	248,474
서적	103,567	91,241	130,523	89,645	81,999	78,316	107,316	99,591	93,486
음반·비디오	12,727	11,529	14,408	13,230	12,473	10,888	12,566	12,130	12,408
여행·예약	286,248	239,735	231,761	241,051	288,603	293,935	345,920	344,391	245,285
아동·유아용	109,344	102,325	121,955	123,118	128,403	121,504	120,135	111,839	124,250
음·식료품	122,498	137,282	127,372	121,868	131,003	130,996	130,015	133,086	178,736

17 1월 컴퓨터 상품 거래액의 다음 달 거래액과 차이는?

① 4,455백만 원

② 4,535백만 원

③ 4,555백만 원

④ 4,655백만 원

⑤ 4,726백만 원

18 1월 서적 상품 거래액은 음반·비디오 상품의 몇 배인가? (소수 둘째 자리까지 구하시오)

① 8.13배   ② 8.26배

③ 9.53배   ④ 9.75배

⑤ 9.96배

19 다음은 주식시장에서 외국인의 최근 한 달간의 주요 매매 정보 자료이다. 가 그룹 주식의 최근 한 달간의 1주당 평균 금액은 얼마인가? (단, 소수점 첫째 자리에서 반올림하시오)

	순매수			순매도	
종목명	수량(백 주)	금액(백만 원)	종목명	수량(백 주)	금액(백만 원)
A 그룹	5,620	695,790	가 그룹	84,930	598,360
B 그룹	138,340	1,325,000	나 그룹	2,150	754,180
C 그룹	13,570	284,350	다 그룹	96,750	162,580
D 그룹	24,850	965,780	라 그룹	96,690	753,540
E 그룹	70,320	110,210	마 그룹	12,360	296,320

① 7,045원

② 70,453원

③ 5,984원

④ 68,570원

⑤ 66,213원

20 다음은 갑국의 연도별 비만 환자에 관한 자료이다. 다음 중 전년 대비 비만 환자 비율의 증가량이 큰 연도 순으로 바르게 짝지어진 것은?

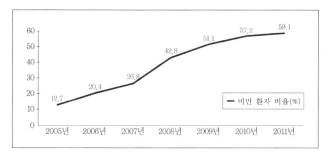

① 2009년, 2010년, 2008년, 2011년

② 2009년, 2008년, 2010년, 2007년

③ 2010년, 2008년, 2009년, 2006년

④ 2008년, 2009년, 2010년, 2011년

⑤ 2008년, 2010년, 2009년, 2006년

21 다음 글과 표를 근거로 판단할 때 세 사람 사이의 관계가 모호한 경우는?

• 조직 내에서 두 사람 사이의 관계는 '동갑'과 '위 아래' 두 가지 경우로 나뉜다.
  - 두 사람이 태어난 연도가 같은 경우 입사년도에 상관없이 '동갑' 관계가 된다.
  - 두 사람이 태어난 연도가 다른 경우 '위 아래' 관계가 된다. 이때 생년이 더 빠른 사람이 '윗 사람', 더 늦은 사람이 '아랫 사람'이 된다.
  - 두 사람이 태어난 연도가 다르더라도 입사년도가 같고 생년월일의 차이가 1년 미만이라면 '동갑' 관계가 된다.
• 두 사람 사이의 관계를 바탕으로 임의의 세 사람(A∼C) 사이의 관계는 '명확'과 '모호' 두 가지 경우로 나뉜다.
  - A와 B, A와 C가 '동갑' 관계이고 B와 C 또한 '동갑' 관계인 경우 세 사람 사이의 관계는 '명확'하다.
  - A와 B가 '동갑' 관계이고 A가 C의 '윗 사람', B가 C의 '윗 사람'인 경우 세 사람 사이의 관계는 '명확'하다.
  - A와 B, A와 C가 '동갑' 관계이고 B와 C가 '위 아래' 관계인 경우 세 사람 사이의 관계는 '모호'하다.

이름	생년월일	입사년도
甲	1992. 4. 11.	2017
乙	1991. 10. 3.	2017
丙	1991. 3. 1.	2017
丁	1992. 2. 14.	2017
戊	1993. 1. 7.	2018

① 甲, 乙, 丙

② 甲, 乙, 丁

③ 甲, 丁, 戊

④ 乙, 丁, 戊

⑤ 丙, 丁, 戊

22 K지점으로부터 은행, 목욕탕, 편의점, 미용실, 교회 건물이 각각 다음과 같은 조건에 맞게 위치해 있다. 모두 K지점으로부터 일직선상에 위치해 있다고 할 때, 다음 설명 중 올바른 것은 어느 것인가? (언급되지 않은 다른 건물은 없다고 가정한다)

- K지점으로부터 50m 이상 떨어져 있는 건물은 목욕탕, 미용실, 은행이다.
- 목욕탕과 교회 건물 사이에는 편의점을 포함한 2개의 건물이 있다.
- 5개의 건물은 각각 K지점에서 15m, 40m, 60m, 70m, 100m 떨어진 거리에 있다.

① 목욕탕과 편의점과의 거리는 40m이다.
② 연이은 두 건물 간의 거리가 가장 먼 것은 은행과 편의점이다.
③ 미용실과 편의점의 사이에는 1개의 건물이 있다.
④ K지점에서 미용실이 가장 멀리 있다면 은행과 교회는 45m 거리에 있다.
⑤ K지점에서 미용실이 가장 멀리 있다면 교회와 목욕탕과의 거리는 편의점과 미용실과의 거리보다 멀다.

23 다음의 진술을 참고할 때, 1층~5층 중 각기 다른 층에 살고 있는 사람들의 거주 위치에 관한 설명이 참인 것은 어느 것인가?

- 을은 갑과 연이은 층에 거주하지 않는다.
- 병은 무와 연이은 층에 거주하지 않는다.
- 정은 무와 연이은 층에 거주하지 않는다.
- 정은 1층에 위치하며 병은 2층에 위치하지 않는다.

① 갑은 5층에 거주한다.
② 을은 5층에 거주한다.
③ 병은 4층에 거주한다.
④ 무는 4층에 거주한다.
⑤ 무가 3층에 거주한다면 병은 5층에 거주한다.

┃24~25┃ 신입사원 A, B, C, D, E 5명이 거래처인 ㈎, ㈏, ㈐, ㈑, ㈒ 공장에 가야한다. 다음에 주어진 조건을 읽고 물음에 답하시오.

- 신입사원들은 각 공장에 혼자 가야한다.
- 공장은 ㈎, ㈏, ㈐, ㈑, ㈒의 순서로 나란히 붙어 있다.
- B는 항상 D가 가는 공장의 바로 오른쪽에 있는 곳에 가야 한다.
- ㈒ 공장에는 B와 C가 갈 수 없다.

24 신입사원들이 각각의 공장에 가는 방법은 총 몇 가지인가?

① 12가지   ② 14가지
③ 16가지   ④ 18가지
⑤ 20가지

25 C와 D가 바로 옆에 이웃해 있는 공장에 가는 방법은 몇 가지인가?

① 2가지   ② 4가지
③ 6가지   ④ 8가지
⑤ 10가지

26 외국계 은행인 A 은행 서울지사에 근무하는 甲과, 런던지사에 근무하는 乙, 시애틀지사에 근무하는 丙은 같은 프로젝트를 진행하면서 다음과 같이 영상업무회의를 진행하였다. 회의 시각은 런던을 기준으로 11월 1일 오전 9시이고, 런던은 GMT+0, 서울은 GMT+9, 시애틀은 GMT-7을 표준시로 사용한다. 회의록을 바탕으로 할 때 빈칸에 들어갈 일시는?

甲 : 제가 프로젝트에서 맡은 업무는 오늘 오후 10시면 마칠 수 있습니다. 런던에서 받아서 1차 수정을 부탁드립니다.
乙 : 네, 저는 甲님께서 제시간에 끝내 주시면 다음날 오후 3시면 마칠 수 있습니다. 시애틀에서 받아서 마지막 수정을 부탁드립니다.
丙 : 알겠습니다. 저는 앞선 두 분이 제시간에 끝내 주신다면 서울을 기준으로 모레 오전 10시면 마칠 수 있습니다. 제가 업무를 마치면 프로젝트가 최종 마무리 되겠군요.
甲 : 잠깐, 다들 말씀하신 시각의 기준이 다른 것 같은데요? 저는 처음부터 런던을 기준으로 이해하고 말씀드렸습니다.
乙 : 저는 처음부터 시애틀을 기준으로 이해하고 말씀드렸는데요?
丙 : 저는 처음부터 서울을 기준으로 이해하고 말씀드렸습니다. 그렇다면 계획대로 진행될 때 서울을 기준으로 (   )에 프로젝트를 최종 마무리할 수 있겠네요.
甲, 乙 : 네, 맞습니다.

① 11월 2일 오후 11시

② 11월 3일 오전 10시

③ 11월 3일 오후 3시

④ 11월 3일 오후 7시

⑤ 11월 4일 오전 9시

27 다음은 5가지의 영향력을 행사하는 방법과 수민, 홍진이의 발언이다. 수민이와 홍진이의 발언은 각각 어떤 방법에 해당하는가?

〈영향력을 행사하는 방법〉
• 합리적 설득 : 논리와 사실을 이용하여 제안이나 요구가 실행 가능하고, 그 제안이나 요구가 과업 목표 달성을 위해 필요하다는 것을 보여주는 방법
• 연합 전술 : 영향을 받는 사람들이 제안을 지지하거나 어떤 행동을 하도록 만들기 위해 다른 사람의 지지를 이용하는 방법
• 영감에 호소 : 이상에 호소하거나 감정을 자극하여 어떤 제안이나 요구사항에 몰입하도록 만드는 방법
• 교환 전술 : 제안에 대한 지지에 상응하는 대가를 제공하는 방법
• 합법화 전술 : 규칙, 공식적 방침, 공식 문서 등을 제시하여 제안의 적법성을 인식시키는 방법

〈발언〉
• 수민 : 이번에 내가 제안한 기획안이 이사회의 허락을 얻으면 당신이 오랜 기간 공들인 사업이 폐지될 수 있다는 것을 잘 알고 있습니다. 하지만 이번에 당신이 나를 도와 이 기획안을 지지해준다면 이번 기획을 통해 성사되는 계약의 성과 중 일부를 당신과 나누도록 하겠습니다.
• 홍진 : 이 계획은 앞서 본부에서 한 달 전에 각 지사에 시달한 공문에 근거한 것입니다. 또한 이 계획을 시행될 사업과 관련한 세부적인 방법도 이미 본부에서 마련하였고, 절차상 아무 문제도 없습니다.

	수민	홍진
①	교환 전술	영감에 호소
②	교환 전술	합법화 전술
③	영감에 호소	합법화 전술
④	합리적 설득	연합 전술
⑤	교환 전술	연합전술

28 Z회사에 근무하는 7명의 직원이 교육을 받으려고 한다. 교육실에서 직원들이 앉을 좌석의 조건이 다음과 같을 때 직원 중 빈자리 바로 옆 자리에 배정받을 수 있는 사람은?

〈교육실 좌석〉			
첫 줄	A	B	C
중간 줄	D	E	F
마지막 줄	G	H	I

〈조건〉
• 직원은 강훈, 연정, 동현, 승만, 문성, 봉선, 승일 7명이다.
• 서로 같은 줄에 있는 좌석들끼리만 바로 옆 자리일 수 있다.
• 봉선의 자리는 마지막 줄에 있다.
• 동현이의 자리는 승만이의 바로 옆 자리이며, 또한 빈 자리 바로 옆이다.
• 승만이의 자리는 강훈이의 바로 뒷 자리이다.
• 문성이와 승일이는 같은 줄의 좌석을 배정받았다.
• 문성이나 승일이는 누구도 강훈이의 바로 옆 자리에 배정받지 않았다.

① 승만   ② 문성

③ 연정   ④ 봉선

⑤ 동현

29 ○○기관의 김 대리는 甲, 乙, 丙, 丁, 戊 인턴 5명의 자리를 배치하고자 한다. 다음의 조건에 따를 때 옳지 않은 것은?

• 최상의 업무 효과를 내기 위해서는 성격이 서로 잘 맞는 사람은 바로 옆자리에 앉혀야 하고, 서로 잘 맞지 않는 사람은 바로 옆자리에 앉혀서는 안 된다.
• 丙과 乙의 성격은 서로 잘 맞지 않는다.
• 甲과 乙의 성격은 서로 잘 맞는다.
• 甲과 丙의 성격은 서로 잘 맞는다.
• 戊와 丙의 성격은 서로 잘 맞지 않는다.
• 丁의 성격과 서로 잘 맞지 않는 사람은 없다.
• 丁은 햇빛 알레르기가 있어 창문 옆(1번) 자리에는 앉을 수 없다.

〈자리 배치도〉					
창문	1	2	3	4	5

① 甲은 3번 자리에 앉을 수 있다.

② 乙은 5번 자리에 앉을 수 있다.

③ 丙은 2번 자리에 앉을 수 있다.

④ 丁은 3번 자리에 앉을 수 없다.

⑤ 戊는 2번 자리에 앉을 수 없다.

30 공연기획사인 A사는 이번에 주최한 공연을 보러 오는 관객을 기차역에서 공연장까지 버스로 수송하기로 하였다. 다음의 표와 같이 공연 시작 4시간 전부터 1시간 단위로 전체 관객 대비 기차역에 도착하는 관객의 비율을 예측하여 버스를 운행하고자 하며, 공연 시작 시간까지 관객을 모두 수송해야 한다. 다음을 바탕으로 예상한 수송 시나리오 중 옳은 것을 모두 고르면?

〈전체 관객 대비 기차역에 도착하는 관객의 비율〉

시각	전체 관객 대비 비율(%)
공연 시작 4시간 전	a
공연 시작 3시간 전	b
공연 시작 2시간 전	c
공연 시작 1시간 전	d
계	100

• 전체 관객 수는 40,000명이다.
• 버스는 한 번에 대당 최대 40명의 관객을 수송한다.
• 버스가 기차역과 공연장 사이를 왕복하는 데 걸리는 시간은 6분이다.

〈예상 수송 시나리오〉
㉠ a=b=c=d=25라면, 회사가 전체 관객을 기차역에서 공연장으로 수송하는 데 필요한 버스는 최소 20대이다.
㉡ a=10, b=20, c=30, d=40이라면, 회사가 전체 관객을 기차역에서 공연장으로 수송하는 데 필요한 버스는 최소 40대이다.
㉢ 만일 공연이 끝난 후 2시간 이내에 전체 관객을 공연장에서 기차역까지 버스로 수송해야 한다면, 이때 회사에게 필요한 버스는 최소 50대이다.

① ㉠
② ㉡
③ ㉠, ㉡
④ ㉠, ㉢
⑤ ㉡, ㉢

31 공동물류는 기업의 입장에서 많은 비용을 차지하고 있는 인적 및 물적 자원을 물류시설의 공동이용으로 개별적으로 운영 및 유지할 때보다 최소의 비용으로 최대의 이익을 올리려고 하는 물류합리화 방법을 말한다. 공동 물류의 개념을 참조하여 다음의 사례를 보면 차고 및 A, B, C 간의 거리는 다음 표와 같다. 아래의 표를 이용해 차고에서 출발하여 A, B, C 3개의 수요지를 각각 1대의 차량이 방문하는 경우에 비해, 1대의 차량으로 3개의 수요지를 모두 방문하고 차고지로 되돌아오는 경우, 수송 거리가 최대 몇 km 감소되는지 구하면?

구분	A	B	C
차고	10	13	12
A	–	5	10
B	–	–	7

① 11
② 17
③ 29
④ 36
⑤ 49

32 실제중량이 5kg이며, 가로, 세로, 높이가 각각 30.5cm, 55cm, 24.5cm의 박스 3개를 항공화물로 운송하고자 할 때 운임 적용 중량은? (단, 계산결과는 반올림하여 정수로 산정한다)

① 15kg
② 20kg
③ 21kg
④ 42kg
⑤ 45kg

33 Z회사는 오늘을 포함하여 30일 동안에 자동차를 생산할 계획이며 Z회사의 하루 최대투입가능 근로자 수는 100명이다. 다음 〈공정표〉에 근거할 때 Z회사가 벌어들일 수 있는 최대 수익은 얼마인가? (단, 작업은 오늘부터 개시되며 각 근로자는 자신이 투입된 자동차의 생산이 끝나야만 다른 자동차의 생산에 투입될 수 있고 1일 필요 근로자 수 이상의 근로자가 투입되더라도 자동차 당 생산 소요기간은 변하지 않는다)

〈공정표〉

자동차	소요기간	1일 필요 근로자 수	수익
A	5일	20 명	15억 원
B	10일	30 명	20억 원
C	10일	50 명	40억 원
D	15일	40 명	35억 원
E	15일	60 명	45억 원
F	20일	70 명	85억 원

① 150억 원
② 155억 원
③ 160억 원
④ 165억 원
⑤ 170억 원

34 자원관리에 관한 내용 중 3자 물류(3PL) 활용을 위한 물류 아웃소싱에 관한 설명으로 옳지 않은 것은?

① 아웃소싱업체에 대하여 적극적이고 직접적인 지휘 통제체계 구축이 필요하다.

② 화주기업은 물류아웃소싱을 통하여 핵심역량에 집중할 수 있어서 기업경쟁력 제고에 유리하다.

③ 화주기업은 고객 불만에 대한 신속한 대처가 곤란하고 사내에 물류전문지식 축적의 어려움을 겪을 수 있다.

④ 화주기업은 물류아웃소싱 이전에 자사의 물류비 현황을 정확히 파악하는 것이 중요하다.

⑤ 물류아웃소싱의 주된 목적과 전략은 조직 전체의 전략과 일관성을 유지해야 한다.

35 다음은 ○○그룹 자원관리팀에 근무하는 현수의 상황이다. A 자원을 구입하는 것과 B 자원을 구입하는 것에 대한 분석으로 옳지 않은 것은?

현수는 새로운 프로젝트를 위해 B 자원을 구입하였다. 그런데 B 자원을 주문한 날 상사가 A 자원을 구입하라고 지시하자 고민하다가 결국 상사를 설득시켜 그대로 B 자원을 구입하기로 결정했다. 단, 여기서 두 자원을 구입하기 위해 지불해야 할 금액은 각각 50만 원씩으로 같지만 ○○ 그룹에게 있어 A 자원의 실익은 100만 원이고 B 자원의 실익은 150만 원이다. 그리고 자원을 주문한 이상 주문 취소는 불가능하다.

① 상사를 설득시켜 그대로 B 자원을 구입하기로 결정한 현수의 선택은 합리적이다.

② B 자원의 구입으로 인한 기회비용은 100만 원이다.

③ B 자원을 구입하기 위해 지불한 50만 원은 회수할 수 없는 매몰비용이다.

④ ○○그룹에게 있어 더 큰 실제의 이익을 주는 자원은 A 자원이다.

⑤ 주문 취소가 가능하더라도 B 자원을 구입하는 것이 합리적이다.

36 다음 자료에 대한 분석으로 옳지 않은 것은?

△△그룹에는 총 50명의 직원이 근무하고 있으며 자판기 총 설치비용과 사내 전 직원이 누리는 총 만족감을 돈으로 환산한 값은 아래 표와 같다. (단, 자판기로부터 각 직원이 누리는 만족감의 크기는 동일하며 설치비용은 모든 직원이 똑같이 부담한다)

자판기 수(개)	총 설치비용(만 원)	총 만족감(만 원)
3	150	210
4	200	270
5	250	330
6	300	360
7	350	400

① 자판기를 7개 설치할 경우 각 직원들이 부담해야 하는 설치비용은 7만 원이다.

② 자판기를 최적으로 설치하였을 때 전 직원이 누리는 총 만족감은 400만 원이다.

③ 자판기를 4개 설치할 경우 더 늘리는 것이 합리적이다.

④ 자판기를 한 개 설치할 때마다 추가되는 비용은 일정하다.

⑤ 자판기를 3개에서 4개로 증가시킬 경우 직원 1인당 만족감 증가가 설치비용 증가보다 크다.

37 A 기업은 자사 컨테이너 트럭과 외주를 이용하여 B 지점에서 C 지점까지 월 평균 1,600TEU의 물량을 수송하는 서비스를 제공하고 있다. 아래의 운송조건에서 40feet용 트럭의 1일 평균 필요 외주 대수를 구하면?

• 1일 차량가동횟수 : 1일 2회
• 보유차량 대수 : 40feet 컨테이너 트럭 11대
• 차량 월 평균 가동일 수 : 25일

① 2대

② 3대

③ 4대

④ 5대

⑤ 6대

38 한국관광공사에서는 다음과 같은 경영실적사례를 공시하였다. 아래의 표에서 물류비의 10% 절감은 몇%의 매출액 증가효과와 동일한가?

〈표〉

- 매출액 : 2,000억 원
- 물류비 : 400억 원
- 기타 비용 : 1,500억 원
- 경상이익 : 100억 원

① 20%
② 25%
③ 30%
④ 35%
⑤ 40%

39 운송정보시스템의 구성요소 중 하나인 라우팅(routing) 시스템을 성공적으로 구축·운영하기 위한 설명으로 옳지 않은 것은?

① 차량추적시스템과의 연계가 필요하다.
② 통계적 시뮬레이션 기법도 활용하는 것이 좋다.
③ 배송시간과 유효 배송처의 정보도 중요하다.
④ 라우팅 스케줄의 결과는 수정하여 적용할 수 있다.
⑤ 초기에 표준으로 구축된 데이터베이스는 수정해서는 안 된다.

40 JIT(Just In Time) 시스템의 운영 특성에 관한 설명으로 옳지 않은 것은?

① 생산소요시간 감소 및 각 공정 간 작업부하의 균일화를 위해 소 롯트(lot)가 요구된다.
② 재고를 최소로 유지하기 위해서는 불량 없는 품질관리가 중요하다.
③ 공급되는 부품의 품질, 수량, 납품시기 측면에서 공급업체와의 신뢰성 구축과 긴밀한 협조체제가 요구된다.
④ 원활한 활동을 위해 노동력의 유연성과 팀워크가 요구된다.
⑤ 재고수준이 일정할 필요가 없으며 상황에 따라 변하는 예측수요 등에 바탕을 둔 재고관리가 요구된다.

〉〉 직무수행능력평가(경영학)

41 다음의 기사를 읽고 보기에 제시된 유추 가능한 내용들 중 가장 바르지 않은 것을 고르면?

광주 지역 백화점들이 빅데이터 등을 접목한 CRM (Customer Relationship Management : 고객관계관리)마케팅에 한층 열을 올리고 있다. 점포 내에 배치된 전담인력을 활용, 전국 단위 마케팅 전략과는 별개로 해당 지역의 고객군을 분석해 최적화된 DM을 전송하거나 기획행사를 진행하는 한편 온·오프라인을 연계하는 맞춤 영업을 강화하고 있다.

백화점 CRM의 기반은 자사 멤버십카드에 가입한 고객 정보를 데이터화한 자료다. 고객이 백화점에서 상품을 구매하고 멤버십카드를 내밀면 해당 고객의 성별이나 혼인 여부 등의 정보가 데이터베이스로 쌓인다. 그 고객이 어떤 상품군을 주로 사는지, 선호하는 브랜드는 무엇인지 등을 파악해 DM, 할인 쿠폰 등의 발급에 반영한다.

지난 2014년부터 2년간 롯데백화점 광주 점에서 CRM 업무를 맡았던 롯데백화점 광주점 아웃도어 관리 매니저는 "전국의 롯데백화점이 기본적으로 진행하는 홍보 방향과 함께 지점별 고객군 특성을 파악, 마케팅에 활용하고 있다"며 "고객에게 발송하는 DM 중 20% 정도는 각 지점이 지점별 데이터를 바탕으로 독자적으로 수립해 진행한다"고 말했다. 백화점 성장세가 꺾이고 고객군이 다변화하면서 마케팅의 IT화는 더욱 속도가 붙을 것이라는 전망이다.

실제 롯데백화점 광주점은 지난 2014년부터 해외 명품 오프라인 직구 매장들을 본격 개장했다. 이후 부족했던 젊은 층의 수요를 끌어올려 지난해 20~30대 기준 매출 신장률이 전국 지점 중 1위를 기록했다. 고객이 모바일·온라인에서 상품을 구매하면 이를 오프라인에서 상품을 찾아가는 '스마트 픽 배송 서비스'도 젊은 층을 중심으로 하루 평균 10여건 꾸준히 접수되고 있다. 현재 롯데그룹은 롯데쇼핑 산하 계열사 간 '스마트 픽' 상품 상호 수령도 추진 중이다. DM도 기존 종이 쿠폰 북에 모바일 앱 (애플리케이션)을 추가로 적극 활용하는 고객들이 많아지고 있다. 실내 위치기반서비스인 비콘을 활용해 백화점 안에서 특정 장소를 지나가면 스마트폰 앱에서 자주 찾는 매장이나 선호하는 브랜드 등 주변 매장들의 할인 쿠폰 알림을 보내주는 형태의 서비스도 시행 중이다. 롯데백화점 온라인 홈페이지에서도 DM쿠폰 북과 eco전단 등을 확인할 수 있고 최근 롯데 유통 계열사가 합작해 만든 포인트 제도인 'L.point'를 활용하는 고객들도 많다.

광주신세계도 마찬가지다. 신세계는 삼성카드, 시티카드 2개사에서 발급하는 '신세계 삼성카드', '신세계 시티카드' 등을 통해 고객 데이터를 추출한다. 전국 단위의 대규모 행사를 제외한 나머지를 100% 자체적으로 분석, 활용한다. 스마트폰 앱인 '신세계백화점', 'SSG.COM' 등을 통해 쿠폰을 받거나 사용할 수도 있다. 아직 비콘을 활용한 서비스는 시행하고 있지 않다.

다만 종이 DM이 온라인으로 전면 전환하는 데엔 다소 시간이 걸릴 것으로 예측된다. 주요 고객들이 온라인보다 오프라인에

친숙한 40대 이상이기 때문이다. 이종성 광주신세계 홍보과장은 "광주·전남 지역의 인구 비중 자체가 고연령층이 상대적으로 많지만 아직 우리 백화점과는 많은 연관관계가 있는 고객이 아니다"라고 말하며 "현재 종이 쿠폰 북 활용도가 높지만 최근 들어선 젊은 층뿐 아니라 우리 백화점에 비고객층인 중장년층도 스마트폰 등으로 할인 혜택을 누리면서 향후 데이터를 마케팅에 활용하는 사례는 점차 많아지고 자점과의 관계를 통해 충성고객이 될 것이다"라고 말했다.

① 최상의 서비스를 제공하는 등 고객들마다 선별적인 관계를 형성한다.

② 고객 데이터 세분화를 실시함으로써 적극적으로 관리하고 유도하며 고객의 가치를 극대화시킬 수 있는 전략이다.

③ 고객들의 욕구를 파악한 후에 이를 뒷받침할 수 있는 기술적인 솔루션을 제공함으로써 고객과의 관계가 긴밀하게 유지될 수 있는 것이다.

④ 고객의 니즈를 찾아 이를 만족시켜 줄 수 있도록 하며, 그로 인해 자사의 이익을 창출하게 된다.

⑤ 신규고객의 확보를 위한 전략은 CRM의 대상이라고 할 수 없다.

42 경로 갈등은 유통경로 상 같은 단계의 구성원끼리 또는 다른 단계의 구성원 사이에서 각자가 이익 극대화를 위해 활동하는 과정에서 벌어지는 갈등. 특정 구성원이 자기의 목표를 달성하는 데 다른 구성원이 방해하거나 해롭게 하고 있다고 여기는 상태를 의미하는데 다음 중 이에 대한 설명으로 가장 옳지 않은 것은?

① 수직적 갈등은 서로 다른 단계의 경로 사이에서 갈등이 발생되어지는 것을 말한다.

② 수평적 갈등은 유통경로 상의 동일한 단계에서 발생되어지는 갈등을 말한다.

③ 역기능적 갈등은 경로 성과에 있어 부정적 영향을 가져다 주는 갈등을 말한다.

④ 순기능적 갈등은 경로갈등을 통해서 경로 내의 문제를 발견하고 이러한 문제들을 해결함으로써 경로성과의 향상을 가져다주는 갈등을 말한다.

⑤ 중립적 갈등은 경로성과에 영향을 끼치지 않는 것으로 경로구성원들 간 상호의존 정도가 상당히 낮을 경우에 발생하게 된다.

43 아래 그림에 관련한 설명으로 가장 거리가 먼 것은 무엇인가?

① 자사의 제품판매 증대를 위해 중간상들에게 동기부여를 제공하기에는 다소 어려운 부분이 있다.

② 이러한 점포들이 많아질수록 통제하기가 어려워질 수 있다.

③ 가장 대표적인 형태로 선매품이 주로 활용된다.

④ 구매의 편의성을 제공한다.

⑤ 충동구매를 증가시킨다.

44 High/Low 가격 전략에 관한 내용으로 적절하지 않은 것을 고르면?

① 세일은 재고를 줄이는 효과를 가져다 준다.

② 세일은 소비자들을 흥분시키는 효과를 발생시킨다.

③ 주로 대형 할인마트에서 활용하는 가격결정방법이다.

④ 소비자들은 가격이 제품의 품질을 결정짓는 척도라 인지하며, 이로 인해 제품에 대한 품질의 신뢰성을 가질 수 있다.

⑤ 동일한 제품으로 인해 다양한 소비자들의 특성에 소구할 수 있다.

45 아래의 기사를 읽고 전문가들이 말하는 월마트의 성공 핵심에 관련한 내용으로 가장 옳지 않은 것을 고르면?

> '세계 최고'라는 수식어가 어색하지 않은 세계 최대 유통업체 월마트
>
> 월마트는 매년 미국 주요 경제전문지가 선정하는 최고 기업 리스트에서 1, 2위 자리를 놓치지 않는다. 포춘이 선정한 글로벌 500대 기업 순위에서 지난해 1위 자리는 월마트의 차지였다. 월마트는 현재 전 세계 1만 132개 매장과 220만 명이 넘는 종업원을 거느린 '유통 공룡'이다. 2011 회계연도 매출은 전년보다 5.9% 증가한 4439억 달러였다. 이는 미국 기업 중 최고 실적이다. 매출 규모를 기준으로 월마트를 지난해 글로벌 500대 기업 중 맨 처음에 올렸다. 포춘은 총 매출을 공개한 모든 기업을 대상으로 글로벌 500대 기업을 선정한다. 월마트에 대해서는 가장 미국적인 기업으로 평가되는 한편 열악한 복리후생제도와 과도한 저가정책이 지역 경제에 악영향을 미친다는 비판도 만만치 않게 받고 있다. 하지만 '최소의 비용으로 최대의 만족을 준다'는 샘 월튼의 경영철학은 오늘날의 월마트를 있게 한 원동력이다. 이는 경쟁사들이 저가 공세를 펴고 있는 사이 저렴하고 품질 좋은 제품을 팔고 있다는 인식이 소비자들 사이에 확산하면서 불황 속에서도 선전하는 밑거름이 되고 있다.
>
> 월마트의 성공 핵심은 'EDLP(Every Day, Low Price)'에 있다고 전문가들은 입을 모으고 있다.
>
> 월마트는 2차 세계대전 후 미국 경제가 급성장하던 1962년 7월2일 미국 아칸소 주 로저스에 1호점을 열었다. 저가를 앞세운 월마트는 소도시에서 돌풍을 일으키며 무섭게 성장했다. 당시 개인 상점과 소규모 슈퍼마켓뿐이던 미국에서 월마트의 저가 전략은 혁명이나 다름없었다. 이후 월마트는 푸에르토리코 캐나다 아르헨티나 브라질에 이어 1996년에는 중국에도 합작 방식으로 진출했다. 현재 월마트 매장이 가장 많은 나라는 멕시코(2088) 영국(541) 브라질(512) 등의 순이다.

① 가격경쟁 압박 감소의 효과가 있다.

② 효율적인 물류시스템의 구축이 가능하다.

③ 광고비 증가라는 문제점에 봉착하게 된다.

④ 대형마트 등에서 주로 활용하는 가격결정 방식이다.

⑤ 재고관리 개선의 효과가 있다.

46 매트릭스 조직에 관한 설명으로 가장 바르지 않은 것은?

① 효율성 목표와 유연성 목표를 동시에 달성하고자 하는 의도에서 발생하였다.

② 조직의 경영자가 프로젝트와 같은 구체적인 목적을 효율적으로 달성하기 위한 조직구조를 만들고자 할 때 사용되는 부문화 방법이라 할 수 있다.

③ 매트릭스 조직의 경우 프로젝트 조직과는 달리 영구적인 조직이다.

④ 고도로 복잡한 임무를 수행하는 우주산업·연구개발 사업·건설회사·광고대행업 등의 대규모 기업에서 널리 활용되고 있는 형태의 조직구조이다.

⑤ 매트릭스 조직에서 작업자는 3중 명령체계를 갖는다.

47 다음 경제적 주문량의 기본가정으로 보기 어려운 것은?

① 재고부족이 허용된다.

② 계획기간 중 해당품목의 수요량은 항상 일정하며, 알려져 있다.

③ 연간 단위재고 유지비용은 수량에 관계없이 일정하다.

④ 주문량이 일시에 입고된다.

⑤ 단위구입비용이 주문수량에 관계없이 일정하다.

48 다음 중 성격이 다른 하나는?

① Convenience Sampling

② Judgement Sampling

③ Stratified Sampling

④ Quota Sampling

⑤ Snowball Sampling

49 다음 중 의사결정지원 시스템의 특징으로 가장 옳지 않은 것은?

① 의사결정지원 시스템은 의사결정이 이루어지는 동안에 발생 가능한 환경의 변화를 반영할 수 있도록 유연하게 설계되어야 한다.

② 의사결정지원 시스템에서 처리되어 나타난 결과 및 대안은 문제해결의 답으로 활용된다.

③ 의사결정지원 시스템의 분석기법에는 What-if 분석법, 민감도 분석법, 목표추구 분석법, 최적화 분석법 등이 있다.

④ 의사결정지원 시스템은 다양한 원천으로부터 데이터를 획득해서 의사결정에 필요한 정보처리를 할 수 있도록 해야 한다.

⑤ 의사결정지원 시스템은 분석 모델의 구성요소의 변경이나 또는 완전하게 새로운 분석모델 개발 시 즉각적으로 시스템에 반영시켜 의사결정을 이루도록 해야 한다.

50 다음의 내용을 읽고 괄호 안에 들어갈 말을 순서대로 바르게 나열한 것은?

> (㉠)는 물자가 조달처로부터 운송되어서 매입물자의 보관창고에 입고 및 관리되어 생산 공정에 투입되기 직전까지의 물류활동에 따른 물류비, 생산 공정투입 직전까지 실시한 하역, 검수, 입출고, 보관 등의 관련 제비용 등을 포함하며 하역, 운송, 검수, 입고, 보관, 출고 등의 조달물류과정에서 발생한 비용을 말하고, (㉡)는 생산 공정 투입시점에서부터 생산과정 중의 공정 및 공정 간의 원재료나 또는 반제품의 운송, 보관활동 및 생산된 완제품을 창고에 보관하기 직전까지의 물류활동에 따른 물류비를 말하며, (㉢)는 완제품 또는 매입한 상품 등을 창고에 보관하는 활동부터 그 이후의 모든 물류활동에 따른 물류비를 말한다.

① ㉠ 사내물류비, ㉡ 판매물류비, ㉢ 조달물류비
② ㉠ 조달물류비, ㉡ 사내물류비, ㉢ 판매물류비
③ ㉠ 조달물류비, ㉡ 폐기물류비, ㉢ 반품물류비
④ ㉠ 판매물류비, ㉡ 조달물류비, ㉢ 폐기물류비
⑤ ㉠ 판매물류비, ㉡ 폐기물류비, ㉢ 반품물류비

51 A사는 1억 원을 투자하여 연간 15%의 수익률을 올리는 것을 목표로 새로운 택배서비스를 시작하였다. 이때, 택배서비스의 목표수입가격은 얼마가 적당한가? (단, 예상 취급량 30,000개/연, 택배서비스 취급원가 1,500원/개)

① 1,000원　　　　　② 1,500원
③ 2,000원　　　　　④ 2,500원
⑤ 3,000원

52 다음 중 JIT(Just In Time) 시스템의 운영 특성에 관한 설명으로 옳지 않은 것은?

① 생산소요시간 감소 및 각 공정 간 작업부하의 균일화를 위해 소롯트(lot)가 요구된다.
② 재고를 최소로 유지하기 위해서는 불량 없는 품질관리가 중요하다.
③ 공급되는 부품의 품질, 수량, 납품시기 측면에서 공급업체와의 신뢰성 구축과 긴밀한 협조체제가 요구된다.
④ 원활한 활동을 위해 노동력의 유연성과 팀워크가 요구된다.
⑤ 재고수준이 일정할 필요가 없으며 상황에 따라 변하는 예측수요 등에 바탕을 둔 재고관리가 요구된다.

53 다음과 같은 실적을 가진 A 기업의 영업이익을 현재 수준에서 10% 증가시키기 위해 매출액을 유지하면서 물류비를 줄이는 방법 또는 매출액을 증가시켜 달성하는 방법 중에서 한 가지를 선택하여 경영전략을 수립하고자 한다. 이를 위해 필요한 물류비 감소비율과 매출액 증가비율은 각각 얼마인가? (단, 두 가지 방법 모두에서 영업이익은 6%로 한다.)

A 기업 매출액	200억 원
A 기업 물류비	매출액의 10%
A 기업 영업이익	매출액의 6%

① 6%, 20%
② 5%, 15%
③ 6%, 6%
④ 5%, 20%
⑤ 6%, 10%

54 아래의 그림과 연관된 수송수단에 관한 설명으로 가장 옳지 않은 것을 고르면?

① 화물의 수취에 있어 부수적인 운송을 필요로 한다.
② 계획운송이 가능하고 전국적인 네트워크가 있다.
③ 비교적 전천후적인 운송수단이다.
④ 원거리 대량운송에 적합한 수단이다.
⑤ 중거리 및 장거리의 운송 시 운임이 고가이다.

55 다음 중 친환경 녹색물류에 관한 설명으로 옳지 않은 것은?

① 녹색물류 활동을 통한 비용절감이 가능하며, 기업의 사회적 이미지가 제고된다.

② 조달·생산 → 판매 → 반품·회수·폐기(reverse) 상의 과정에서 발생하는 환경오염을 감소시키기 위한 제반 물류활동을 의미한다.

③ 우리나라에서는 폐기물을 다량 발생시키고 있는 생산자에게 폐기물을 감량 및 회수하고, 재활용 할 의무를 부여하는 생산자책임 재활용제도를 운영하고 있다.

④ 기업에서는 비용과 서비스에 상관없이 환경을 고려한 물류시스템을 도입해야 한다.

⑤ 물류활동을 통하여 발생되는 제품 및 포장재의 감량과 폐기물의 발생을 최소화하는 방법 등을 말한다.

56 다음 유통기업집단의 형태 중 금융적 방법에 의한 기업집중의 형태이며 독점의 최고 형태는 무엇인가?

① 다각화
② 아웃소싱
③ 콘체른
④ 카르텔
⑤ 트러스트

57 아래 글상자에서 설명하고 있는 추종상표의 마케팅 전략은 어떤 소비자 구매행동 유형에 가장 적합한지 고르면?

> • 시장선도 상표는 넓은 진열면적을 점유하며, 재고부족을 없애고 빈번한 광고를 통하여 소비자로 하여금 습관적 구매를 유도하는 전략을 사용하는 것이 유리하다.
> • 추종상표는 낮은 가격, 할인 쿠폰, 무료샘플 등을 활용하여 시장 선도제품을 사용하고 있는 소비자들로 하여금 상표전환을 유도하는 전략을 사용하는 것이 유리하다.

① 다양성 추구 구매행동
② 습관적 구매행동
③ 복잡한 구매행동
④ 고관여 구매행동
⑤ 태도지향적 구매행동

58 비교 광고(comparative advertising)란 동일한 제품군이나 서비스 군에 속한 둘 또는 그 이상의 특정한 브랜드명을 자사의 광고 내에 등장시켜서 비교하는 광고를 의미하는데, 다음 중 비교 광고의 효과에 대한 내용으로 가장 바르지 않은 것은?

① 경쟁브랜드에 높은 선호도를 가진 소비자에게는 효과가 작다.

② 고관여 제품의 경우 비교 광고의 새로운 내용이 소비자의 주의를 끄는데 더욱 효과적이므로 보다 적합하다.

③ 기존 제품에 비해 두드러진 장점을 가지고 있으나 아직 충분히 알려지지 않은 신규 브랜드에서 더욱 효과적이다.

④ 일반적으로 인지적이며 감정적인 동기가 동시에 일어날 때 그리고 소비자들이 세부적이며 분석적인 상태에서 광고를 처리하는 경우에 효과가 최상으로 발휘된다.

⑤ 과학적인 실험을 통하여 검증된 내용을 근거로 비교 광고가 실행될 때 그 효과가 더욱 크다.

59 최근에 들어 수 많은 유통기업들은 자사의 성과를 향상시키기 위한 방법으로 소비자심리를 파악하여 구매동기나 구매 욕구를 자극하고 있다. 다음 중 이와 관련된 이론적 설명으로 가장 올바르지 않은 것은 무엇인가?

① Freud에 의하면 소비자는 특별한 상표를 검토할 때 이미 기업이 주장한 그 상표의 능력뿐만 아니라 기타 무의식적인 단서에 반응하므로 형태, 크기, 무게, 자재, 색상 및 상표명 등으로 동기를 부여하여야 한다.

② Maslow는 소비자들이 특정한 시기에 특정한 욕구에 의해 움직인다는 것을 욕구단계설로 주장하였다.

③ Maslow는 욕구단계설에서 예를 들어 배고픈 사람은 예술세계의 최근 동향, 다른 사람들에게 어떻게 보일까하는 문제, 자기가 깨끗한 공기를 마시고 있는지에 관해서는 관심이 없다는 것을 주장하였다.

④ Herzberg는 동기부여 이론에서 불만족 요인과 만족 요인을 개발하였는데, 불만족 요인이 없다는 것으로도 충분히 구매동기를 부여할 수 있다고 판단함으로써 기업들은 불만족 요인의 제거를 통해 구매동기를 부여할 수 있다고 주장하였다.

⑤ 이러한 동기부여이론들은 욕구가 강렬하고 충분한 수준으로 일어나면 구매동기가 된다고 주장한다는 점에서 공통점이 있다.

60 BCG 매트릭스는 미국의 보스턴 컨설팅 그룹에서 개발한 전략평가 기법이며 성장-점유율 매트릭스라고도 하는데, 다음 중 이러한 사업포트폴리오 분석에 대한 설명으로 올바른 것을 모두 고르면?

> a. BCG매트릭스는 시장성장률과 절대적 시장점유율을 두 축으로 총 4개의 사업영역으로 분류한다.
> b. BCG매트릭스의 자금 젖소영역에서는 현상유지 또는 수확 전략을 취한다.
> c. BCG매트릭스의 문제아 영역은 시장성장률은 낮지만 절대적 시장점유율이 높은 전략사업단위를 지칭한다.
> d. BCG매트릭스가 시장점유율을 사업단위의 경쟁적 지표로 취한 것은 경험곡선효과 때문이다.
> e. GE & Mckinsey의 사업매력도-사업강점분석은 BCG매트릭스보다 각 차원별로 여러 구성요인을 반영하여 사업영역을 9개로 구분한다.

① a, b, e
② a, c, d
③ b, d, e
④ b, c, d
⑤ c, d, e

61 원모는 백상아리가 인간의 수명연장에 도움이 된다는 것을 파악하고 이를 양식화하고 시장에 진입하여 점차적으로 이익이 생기면서 시장 내 입지를 굳혀가게 되었다. 하지만 그로 인한 경쟁상대도 조금씩 늘어나게 되었다. 이 때 원모가 하고 있는 백상아리 양식업이 제품수명주기 상 성장기에 해당된다고 했을 시에 원모가 취할 수 있는 보편적인 전략으로 가장 적합한 것은 무엇인가?

① 새로운 소비자를 찾거나 기존 소비자를 위한 제품의 새로운 용도를 개발한다.
② 기존 제품의 품질이나 특성 등을 수정하여 신규고객을 유인하거나 기존 고객의 사용빈도를 늘인다.
③ 시장점유율을 증대시키기 위해 가능한 한 점포 수를 확장한다.
④ 판촉활동의 강화에 주력한다.
⑤ 기존 마케팅믹스를 수정하여 가격할인을 시도하거나 공격적인 비교 광고를 시행한다.

62 다음 중 인터넷상의 가격설정 전략에 관한 설명 중 가장 거리가 먼 것은?

① 기업은 마케팅목표를 달성하기 위한 전체적인 전략을 개발하고 이 전략을 기초로 각 상품군이나 시장에 대한 가격전략을 개발하고 계획 및 조정해야 한다.
② 가격설정 전략에 영향을 미치는 요소는 마케팅 목표, 상품원가, 상품수요, 경쟁환경, 정부규제의 영향 등을 들 수 있다.
③ 인터넷 상품의 가격인하 압력요인으로 최저가격 검색기능, 브랜드 확립 우선의 가격결정, 상품의 독자성, 인터넷 판매의 낮은 경비 등을 들 수 있다.
④ 인터넷 판매는 물류비 및 고객관리비용의 상승을 초래한다. 예를 들어 주문처리 비용의 상승, 재고비용의 상승, 높은 출점비용과 유통센터 운영비용, 카탈로그 인쇄 및 광고 판촉물에 대한 배포비용, 높은 고객서비스 비용 등을 들 수 있다.
⑤ 인터넷 상품의 가격상승 요인으로 운송경비와 소비자의 불만, 경매고객끼리의 경쟁에 의한 물품가격의 상승, 웹사이트의 개발비용과 유지관리비, 무료상품 및 샘플제공, 높은 인터넷마케팅과 광고비 등을 들 수 있다.

63 고객 커뮤니케이션 방법들(광고, 홍보, 판매원, 구전, 웹사이트 등)의 상대적 비교로 가장 올바른 것을 고르면? (단, 통제력은 광고주가 커뮤니케이션 메시지에 대한 통제의 정도이고, 유연성은 개별 고객에 맞춘 커뮤니케이션의 유연한 정도이며, 신뢰성은 고객이 커뮤니케이션의 원천에 대해 신뢰하는 정도를 의미함)

① 광고는 통제력과 유연성이 높은 데 비하여 신뢰성은 낮다.
② 홍보는 유연성이 낮은데 비해 통제력과 신뢰성은 높다.
③ 매장의 판매원은 통제력과 유연성이 높은데 비하여 신뢰성이 낮다.
④ 구전은 신뢰성과 유연성이 높은 데 비하여 통제력은 낮다.
⑤ 자사 웹사이트는 통제력과 신뢰성이 높은 데 비하여 유연성은 낮다.

64 아래 박스의 내용을 읽고 고객관계관리(CRM)의 영역·범위에 관한 설명 중 올바른 것을 모두 모아놓은 것은 무엇인가?

가. 초기 CRM의 관심영역의 핵심은 고객유지이다.

나. 우량고객을 어떻게 유지할 것인가와 이탈고객의 이탈 이유는 무엇이며 어떻게 이탈을 막을 것인가에 대한 고민이 바로 고객유지의 핵심이다.

다. CRM의 관심영역의 확장내용으로 고객확보와 고객발굴을 들 수 있다.

라. 고객확보의 핵심은 어떤 특성을 가진 잠재고객이 우량고객으로 될 가능성이 높은가, 잠재고객은 어디에 있으며 어떤 니즈를 가지고 있는가에 대한 질문으로부터 출발한다.

마. 고객의 잠재적 구매니즈는 무엇이며 어떻게 하면 고객의 이용률을 높일 수 있을까에 대한 고민과 과제가 바로 고객발굴의 핵심이다.

바. CRM은 고객과의 첫 만남에서 헤어짐에 이르는 전 과정에서 기업과 고객의 관계강화를 목표로 한다.

---

① 가, 나, 다, 바
② 나, 다, 라, 마, 바
③ 나, 라, 마, 바
④ 가, 나, 다, 라, 마, 바
⑤ 다, 라, 마, 바

65 통상적으로 고객서비스는 재화나 서비스 상품을 구입한 고객에게 제공하는 관리 서비스를 의미하는데, 이러한 고객서비스의 주요 구성요소에는 거래 전 요소, 거래 중 요소, 거래 후 요소가 있다. 이에 대한 설명으로 가장 옳지 않은 것을 고르면?

① 거래 전 고객서비스 요소는 물적 유통과 직접적인 관련은 없지만 대고객 서비스관점에서 상당히 중요한 역할을 한다.

② 거래 전 고객서비스 요소에는 주문 시스템의 정확성, 발주의 편리성 등을 들 수 있다.

③ 거래 중 고객서비스 요소는 물적 유통기능을 수행하는데 직접적으로 관련이 있는 고객서비스 변수로서, 예를 들어 상품 및 배달의 신뢰성 등을 말한다.

④ 거래 후 고객서비스 요소는 사용 중인 제품에 대한 지원과 관련된 고객서비스 변수를 말한다.

⑤ 거래 후 고객서비스 요소에는 제품보증, 부품 및 수선서비스, 고객 불만 처리절차 등을 들 수 있다.

66 보통 재고비용은 크게 재고유지비용, 주문비용, 재고부족비용으로 구성되어지는데 다음 중 재고부족비용에 영향을 미치는 요인들로만 바르게 묶은 것은?

① 재고품의 가치, 이자비용, 창고비용, 취급비용, 보험, 세금

② 진부화, 매출채권 회수절차, 주문 주기 당 수요변동정도, 주문주기 당 수행시간 변화정도

③ 주문량, 매 주문 당 비용, 매 주문 당 생산가동비용, 백오더에 의한 비용발생(중복주문처리, 과다커뮤니케이션, 판매노력의 낭비, 판매상실에 미치는 영향정도)

④ 안전재고량, 연간주문 주기횟수, 주문주기 당 수요변동정도, 주문주기 당 수행시간 변화정도, 제품대체성

⑤ 진부화, 매출채권 회수절차, 외상매입금 지불절차, 주문주기시간

67 재고는 기업이 수요에 신속하게 응하기 위해 보유하고 있는 물품을 의미하는데, 다음 중 재고와 관련된 설명으로 가장 올바르지 않은 것을 고르면?

① 적정 재주문량은 재고유지비, 주문비용, 재고부족비를 함께 고려하여 결정하는데 총재고비용이 최소가 되는 점이 최적주문량이 된다.

② 판매기간 중 재고의 결품이 발생하지 않도록 하여야 하나 보완품목군의 경우 재고팽창에 유의하여 엄중히 점검할 필요가 있다.

③ 제시품목군은 초고급, 초고가격인 상품으로 원칙적으로 매장에 재고를 두고 창고에 보관하지 않으며 진열장, 매장 내의 전략적 위치에 진열한다.

④ 촉진품목군 상품은 가격을 대폭 인하한 상품으로 행사기간 중에 처분하기 위해 행사장 내에 특가품 코너에 집중진열하며 원칙적으로 재발주하지 않는다.

⑤ 기간품목군 상품은 유행주기 상 도입단계에 위치하는 제품군으로 특정 기간에 집중적 판매를 위해 원칙적으로 매장에만 재고를 두고 창고에 보관하지 않는다.

68 소매업체들의 경영 및 영업성과에 대한 측정을 위해 소위 '전략적 수익모델'을 활용할 수 있다. 전략적 수익모델에서 활용되는 항목이 다음과 같을 때, 재고회전율은 얼마인가?

- 총비용 : 20,000
- 순매출액 : 240,000
- 순이익 : 50,000
- 평균상품재고액 : 80,000

① 1.5   ② 2.3

③ 3   ④ 4.2

⑤ 5.7

69 최근 정년퇴직을 한 규호는 점포를 얻어 사과 장사를 시작했다. 아래의 표를 참조하여 목표로 하는 이익을 얻기 위해 매월 어느 정도의 판매량과 판매액을 달성해야 하는가?

〈표〉
- 점포 월 임대료 : ₩3,000,000(고정비 성격)
- 사과 1박스 ₩50,000에 구입
- 사과 1박스 ₩70,000에 판매
- A가 원하는 자신의 목표이익 : ₩3,000,000
- 다른 비용은 없는 것으로 가정함

① 300박스 - ₩21,000,000

② 400박스 - ₩21,000,000

③ 450박스 - ₩25,000,000

④ 500박스 - ₩27,000,000

⑤ 600박스 - ₩31,000,000

70 다음 중 마케팅 조사에서 표본선정에 관한 설명으로 가장 적절하지 않은 것은?

① 표본추출과정은 '모집단의 설정-표본프레임의 결정-표본추출방법의 결정-표본크기의 결정-표본추출'의 순서로 이루어진다.

② 표본의 크기가 커질수록 조사비용과 조사시간이 증가하며, 표본오류 또한 증가한다.

③ 비표본오류에는 조사현장의 오류, 자료기록 및 처리의 오류, 불포함 오류, 무응답오류가 있다.

④ 층화표본추출은 확률표본추출로 모집단을 서로 상이한 소집단들로 나누고 이들 각 소집단들로부터 표본을 무작위로 추출하는 방법이다.

⑤ 표본프레임은 모집단에 포함된 조사대상자들의 명단이 수록된 목록을 의미한다.

71 다음 중 판매촉진에 대한 설명으로 가장 올바르지 않은 것은?

① 단기적인 소비자의 구매유도가 아닌 장기적인 고객관계 향상을 위한 판매촉진의 경우 유통점에서의 구매시점 판촉 또는 프리미엄과 같은 소매상 판매촉진이 효과적이다.

② 주요 소비자 판촉도구에는 샘플, 쿠폰, 현금 환불, 가격 할인, 프리미엄, 단골고객 보상, 구매시점 진열과 시연, 콘테스트, 추첨 등이 있다.

③ 중간상 판매촉진의 목표는 소매상들이 제조사의 신규품목 취급, 적정재고의 유지, 소매환경에서의 제품광고 또는 더 넓은 공간을 할당하도록 유도하는 데 있다.

④ 영업사원 판매촉진의 목표는 기존 제품 및 신제품에 대한 영업사원의 노력 및 지원을 더 많이 확보하거나 영업사원으로 하여금 신규 거래처를 개발하도록 유도하는 데 있다.

⑤ 판매촉진은 광고, 인적판매 또는 다른 촉진믹스 도구들과 함께 사용하는 것이 일반적인데, 중간상 판매촉진과 영업사원 판매촉진은 주로 인적판매과정을 지원한다.

72 아래 내용이 설명하고 있는 가격결정방식이 무엇인지 고르면?

좋은 품질과 서비스를 잘 결합하여 적정가격에 제공하는 것을 말한다. 많은 경우 이러한 가격결정은 시장기반이 확립된 유명 브랜드 제품들이 상대적으로 저렴한 제품들을 시장에 새로이 도입할 때 사용된다. 또 다른 경우로는 기존 가격에서 더 나은 품질을 제공하거나 더 저렴한 가격으로 동일한 품질을 제공하도록 기존 브랜드를 재설계할 때이다.

① 원가기반 가격결정(cost-based pricing)

② 고객가치기반 가격결정(customer value-based pricing)

③ 우수가치 상응 가격결정(good-value pricing)

④ 부가가치 가격결정(value-added pricing)

⑤ 경쟁우위 기반 가격결정 (competitive advantage-based pricing)

73 French & Raven(1959)은 유통경로에서 경로구성원 간에 발생하는 힘을 여러 유형으로 나누고, 각각 힘의 원천에 대한 예를 제시하였다. 다음 중 '준거적 힘(referent power)'의 원천에 해당하는 것으로만 묶인 것은?

① 유명업체와 거래한다는 긍지, 목표 공유, 관계지속 욕구

② 판매지원, 마진폭 확대, 할인제공, 독점권 제공

③ 보증금 인상, 지역권 철회

④ 특허권, 계약

⑤ 전문지식, 시장정보, 관리능력

74 기업이 고객점유율을 높이는 방법 중 하나로 교차판매 또는 상승판매와 같은 CRM 프로그램을 이용할 수 있다. 가장 올바르지 않은 것은?

① 교차판매의 목적은 고객이 선호할 수 있는 추가 제안을 통해 고객의 구매를 유도하는 것이다.

② 상승판매는 동일한 분야로 분류될 수 있는 제품 중 보다 더 강화된 서비스나 상품을 구매하도록 유도하여 고객의 구매를 유도하는 방법이다.

③ 기존에 구축되어 있는 고객들에 대한 자료를 이용하여 분석한 후 필요한 상품이나 서비스를 선정한다.

④ 교차판매나 상승판매가 가능한 이유는 고객이 제안된 상품이나 서비스에 대해 그 이상의 가치를 찾을 수 있기 때문이다.

⑤ 대체재나 보완재가 없는 독점이나 과점상태의 상품 및 서비스인 경우에 교차판매나 상승판매가 더 효과적이다.

75 다음과 같은 조건에서 손익분기점에 도달하기 위한 ㈜ 앗싸의 연간매출수량과 연간매출액을 구하면?

> ㈜ 앗싸는 ㈜ 대박이 생산한 PC를 유통하는 기업이다. 이 PC의 판매단가는 150만 원이고 단위당 변동비는 120만 원이다. 그리고 ㈜ 앗싸가 이 PC를 유통하는 데 있어 쓰이는 연간 고정비는 6억 원이라고 한다.

① 1,500대, 22.5억 원

② 2,000대, 30.0억 원

③ 2,500대, 37.5억 원

④ 3,000대, 45.0억 원

⑤ 3,500대, 52.5억 원

76 통상적으로 보면 소매상은 상품의 다양성 및 전문성을 추구하는 정도에 따라 상품의 기획능력이 결정되고, 결과적으로 점포의 경영성과에 영향을 미치게 된다. 어떤 소매상이 다음 박스 안의 내용과 같은 특성을 추구한다면, 다양성과 전문성의 수준이 어떠하다고 평가할 수 있는지 고르면?

> • 편의지향고객을 목표로 한다.
> • 관리의 용이성을 추구할 수 있다.
> • 적은 투자비용을 기대할 수 있다.
> • 제한된 시장에서 점포를 운영하고자 한다.
> • 내점 빈도가 낮다는 단점을 감수하여야 한다.

① 높은 다양성 – 높은 전문성

② 낮은 다양성 – 높은 전문성

③ 높은 다양성 – 낮은 전문성

④ 낮은 다양성 – 낮은 전문성

⑤ 알 수 없음

77 구두 가게에서의 구두끈이나 가전제품 및 자동차 제조업체에서의 볼트와 같은 부품 등은 이익의 공헌도가 다른 부품에 비해 적은 편이다. 그러나 이러한 부품의 재고가 부족할 경우 고객서비스 수준이 낮아지거나 제품 및 기업이미지가 나빠지기도 하기 때문에 재고관리를 소홀히 할 수 없다. 이러한 특성을 지닌 부품의 재고관리에 적용될 수 있는 기법을 무엇이라고 하는가?

① 고정주문량(q-system) 분석

② CVA(critical value analysis) 분석

③ 미니-맥시(mini-maxi) 분석

④ 경제적 주문량(EOQ) 분석

⑤ SWOT 분석

78 정보통신산업에서는 생산량이 많을수록 한계비용이 급감하여 지속적 성장이 가능한 수확체증 현상이 나타나게 된다. 다음 중 정보통신산업 분야에서 수확체증 현상이 일어나는 이유 중 가장 옳지 않은 것은 무엇인가?

① 규모의 경제가 실현되기 때문이다.

② 범위의 경제가 실현되기 때문이다.

③ 네트워크 효과가 발생되기 때문이다.

④ 한계비용이 증가되기 때문이다.

⑤ 소비자 학습 효과가 발생되기 때문이다.

79 다음은 가치사슬 전반에 걸쳐 있는 정보의 흐름을 관리하는 정보시스템을 도입하여 성공한 사례를 발췌한 내용이다. 해당 기업이 경쟁력을 확보하기 위해 선택한 정보시스템으로 가장 적절한 것은?

월마트와 P&G는 경쟁우위를 달성하기 위해 전략적 제휴와 동시에 정보기술을 도입하여 성공적인 결과를 낳고 있다. 월마트 고객이 P&G 제품을 구매하면, 이 시스템은 P&G 공장으로 정보를 보내고, P&G는 제품 재고를 조정한다. 이 시스템은 또한 월마트 유통센터에서 P&G의 재고가 일정 수준 이하가 되면 자동으로 발주를 하도록 되어있다.

P&G는 이러한 실시간 정보를 이용하여 창고의 재고를 낮추면서 월마트의 요구사항을 효과적으로 충족시켜, 시스템을 통해 시간을 절약하고 재고를 줄이며 주문처리 비용의 부담을 줄일 수 있었고, 월마트도 제품을 할인된 가격으로 납품받을 수 있게 되었다.

---

① 공급사슬관리(Supply Chain Management)
② 고객관계관리(Customer Relationship Management)
③ 전사적 자원계획(Enterprise Resource Planning)
④ 비즈니스 인텔리전스(Business Intelligence)
⑤ 의사결정지원시스템(Decision Support System)

80 칼스텐 솔하임은 '정보의 가치가 기업의 핸디캡을 줄일 수 있는 능력'이라고 한다. 기업이 정보를 이용하여 의사결정을 수행하는 데 있어 핸디캡을 줄이기 위해 정보시스템에 의존하는 경향과 가장 거리가 먼 것은?

① 대용량의 정보를 분석할 필요가 있다.
② 의사결정을 신속하게 내려야 한다.
③ 좋은 의사결정을 내리려면 모델링이나 예측 같은 정교한 분석기법을 이용해야 한다.
④ 정보시스템은 기업의 정보를 안전하게 보호하기 위한 보안장치를 제공한다.
⑤ 분석정보보다 거래처리 정보에 의존한 의사결정 문제가 자주 발생하게 된다.

한국관광공사

필기시험 모의고사

-일반직5급-

제 3 회	영 역	직업기초능력평가 (의사소통능력, 수리능력, 문제해결능력, 자원관리능력) 직무수행능력평가(경영학)
	문항수	40문항, 40문항
	시 간	90분
	비 고	객관식 5지선다형

SEOWONGAK
(주)서원각

>> 직업기초능력평가

1 아래의 글을 읽고 ⓐ의 내용을 뒷받침할 수 있는 경우로 보기 가장 어려운 것을 고르면?

범죄 사건을 다루는 언론 보도의 대부분은 수사기관으로부터 얻은 정보에 근거하고 있고, 공소제기 전인 수사 단계에 집중되어 있다. 따라서 언론의 범죄 관련 보도는 범죄 사실이 인정되는지 여부를 백지상태에서 판단하여야 할 법관이나 배심원들에게 유죄의 예단을 심어줄 우려가 있다. 이는 헌법상 적법절차 보장에 근거하여 공정한 형사재판을 받을 피고인의 권리를 침해할 위험이 있어 이를 제한할 필요성이 제기된다. 실제로 피의자의 자백이나 전과, 거짓말탐지기 검사 결과 등에 관한 언론 보도는 유죄판단에 큰 영향을 미친다는 실증적 연구도 있다. 하지만 보도 제한은 헌법에 보장된 표현의 자유에 대한 침해가 된다는 반론도 만만치 않다. 미국 연방대법원은 어빈 사건 판결에서 지나치게 편향적이고 피의자를 유죄로 취급하는 언론 보도가 예단을 형성시켜 실제로 재판에 영향을 주었다는 사실이 입증되면, 법관이나 배심원이 피고인을 유죄라고 확신하더라도 그 유죄판결을 파기하여야 한다고 했다. 이 판결은 이른바 '현실적 예단'의 법리를 형성시켰다. 이후 리도 사건 판결에 와서는, 일반적으로 보도의 내용이나 행태 등에서 예단을 유발할 수 있다고 인정이 되면, 개개의 배심원이 실제로 예단을 가졌는지의 입증 여부를 따지지 않고, 적법 절차의 위반을 들어 유죄판결을 파기할 수 있다는 '일반적 예단'의 법리로 나아갔다.

세퍼드 사건 판결에서는 유죄 판결을 파기하면서, '침해 예방'이라는 관점을 제시하였다. 즉, 배심원 선정 절차에서 상세한 질문을 통하여 예단을 가진 후보자를 배제하고, 배심원이나 증인을 격리하며, 재판을 연기하거나, 관할을 변경하는 등의 수단을 언급하였다. 그런데 법원이 보도기관에 내린 '공판 전 보도금지명령'에 대하여 기자협회가 연방 대법원에 상고한 네브래스카 기자협회 사건 판결에서는 침해의 위험이 명백하지 않은데도 가장 강력한 사전 예방 수단을 쓰는 것은 위헌이라고 판단하였다.

이러한 판결들을 거치면서 미국에서는 언론의 자유와 공정한 형사절차를 조화시키면서 범죄 보도를 제한할 수 있는 방법을 모색하였다. 그리하여 세퍼드 사건에서 제시된 수단과 함께 형사 재판의 비공개, 형사소송 관계인의 언론에 대한 정보제공금지 등이 시행되었다. 하지만 ⓐ 예단 방지 수단들의 실효성을 의심하는 견해가 있고, 여전히 표현의 자유와 알 권리에 대한 제한의 우려도 있어, 이 수단들은 매우 제한적으로 시행되고 있다. 그런데 언론 보도의 자유와 공정한 재판이 꼭 상충된다고만 볼 것은 아니며, 피고인 측의 표현의 자유를 존중하는 것이 공정한 재판에 도움이 된다는 입장에서 네브래스카 기자협회

사건 판결의 의미를 새기는 견해도 있다. 이 견해는 수사기관으로부터 얻은 정보에 근거한 범죄 보도로 인하여 피고인을 유죄로 추정하는 구조에 대항하기 위하여 변호인이 적극적으로 피고인 측의 주장을 보도기관에 전하여, 보도가 일방적으로 편향되는 것을 방지할 필요가 있다고 한다. 일반적으로 변호인이 피고인을 위하여 사건에 대해 발언하는 것은 범죄 보도의 경우보다 적법절차를 침해할 위험성이 크지 않은데도 제한을 받는 것은 적절하지 않다고 보며, 반면에 수사기관으로부터 얻은 정보를 기반으로 하는 언론 보도는 예단 형성의 위험성이 큰데도 헌법상 보호를 두텁게 받는다고 비판한다.

미국과 우리나라의 헌법상 변호인의 조력을 받을 권리는 변호인의 실질적 조력을 받을권리를 의미한다. 실질적 조력에는 법정 밖의 적극적 변호 활동도 포함된다. 따라서 형사절차에서 피고인 측에게 유리한 정보를 언론에 제공할 기회나 반론권을 제약하지 말고, 언론이 검사 측 못지않게 피고인 측에게도 대등한 보도를 할 수 있도록 해야 한다.

① 법원이 재판을 장기간 연기했지만 재판 재개에 임박하여 다시 언론 보도가 이어진 경우

② 검사가 피의자의 진술거부권 행사 사실을 공개하려고 하였으나 법원이 검사에게 그 사실에 대한 공개 금지명령을 내린 경우

③ 변호사가 배심원 후보자에게 해당 사건에 대한 보도를 접했는지에 대해 질문했으나 후보자가 정직하게 답변하지 않은 경우

④ 법원이 관할 변경 조치를 취하였으나 이미 전국적으로 보도가 된 경우

⑤ 법원이 배심원을 격리하였으나 격리 전에 보도가 있었던 경우

2 공문서를 작성할 경우, 명확한 의미의 전달은 의사소통을 하는 일에 있어 가장 중요한 요소라고 할 수 있다. 다음에 제시되는 문장 중 명확하지 않은 중의적인 의미를 포함하고 있는 문장이 아닌 것은 어느 것인가?

① 그녀를 기다리고 있던 성진이는 길 건너편에서 모자를 쓰고 있었다.

② 울면서 떠나는 영희에게 철수는 손을 흔들었다.

③ 그곳까지 간 김에 나는 철수와 영희를 만나고 돌아왔다.

④ 대학 동기동창이던 하영과 원태는 지난 달 결혼을 하였다.

⑤ 참석자가 모두 오지 않아서 회의가 진행될 수 없다.

3 다음은 2017년 연말 우수사원 시상식에서 최우수 사원을 받은 장그래 씨의 감사 인사말이다. 밑줄 친 단어 중 잘못 고쳐 쓴 것을 고르면?

> 사실 입사 후 저는 실수투성이로 아무 것도 모르는 <u>풋나기</u>였습니다. 그런 제가 최우수 사원에 선정되어 상을 받을 수 있게 된 것은 오차장님을 비롯한 영업3팀의 여러 선배님들 <u>탓</u>이라고 생각합니다. 어색하게 있던 제게 친근히 말을 <u>부쳐</u>주시던 김대리님, <u>묵묵이</u> 지켜봐주셨던 천과장님, 그리고 그밖에 도움을 주셨던 영업팀 팀원들에게 이 자리를 <u>빌려서</u> 감사의 말씀 드리고 싶습니다.

① 풋나기 → 풋내기
② 탓 → 덕분
③ 부쳐 → 붙여
④ 묵묵이 → 묵묵히
⑤ 빌려서 → 빌어서

4 다음 안내사항을 바르게 이해한 것은?

> 2015년 5월 1일부터 변경되는 "건강보험 임신·출산 진료비 지원제도"를 다음과 같이 알려드립니다.
> 건강보험 임신·출산 진료비 지원제도란 임신 및 출산에 관련한 진료비를 지불할 수 있는 이용권(국민행복카드)을 제공하여 출산 친화적 환경을 조성하기 위해 건강보험공단에서 지원하는 제도입니다.
> • 지원금액 : 임신 1회 당 50만 원(다 태아 임신부 70만 원)
> • 지원방법 : 지정 요양기관에서 이용권 제시 후 결제
> • 지원기간 : 이용권 수령일 ~ 분만예정일+60일
> 가. 시행일 : 2015.5.1.
> 나. 주요내용
> (1) '15.5.1. 신청자부터 건강보험 임신·출산 진료비가 국민행복카드로 지원
> (2) 건강보험 임신·출산 진료비 지원 신청 장소 변경
> (3) 지원금 승인코드 일원화(의료기관, 한방기관 : 38코드)
> (4) 관련 서식 변경
>   - 변경서식 : 건강보험 임신·출산 진료비 지원 신청 및 확인서(별지 2호 서식)
>   - 변경내용 : 카드 구분 폐지

① 건강보험 임신·출산 진료비 지원제도는 연금공단에서 지원하는 제도이다.
② 임신지원금은 모두 동일하게 일괄 50만 원이 지급된다.
③ 지원금 승인코드는 의·한방기관 모두 '38'코드로 일원화된다.

④ 지원기간은 이용권 수령일로부터 분만예정일까지이며 신청자에 한해서 기간이 연장된다.
⑤ 시행일은 2016년 5월 1일이다.

5 다음은 시공업체 선정 공고문의 일부이다. 이를 통해 알 수 있는 경쟁 매매 방식에 대한 적절한 설명을 모두 고른 것은?

> 시공업체 공고문
>
> 공고 제2016-5호
> ○○기업의 사원연수원 설치에 참여할 시공업체를 다음과 같이 선정하고자 합니다.
> 1. 사업명 : ○○기업의 사원연수원 설치 시공업체 선정
> 2. 참가조건 : △△ 지역 건설업체로 최근 2년 이내에 기업 연수원 설치 참여 기업
> 3. 사업개요 : ○○기업 홈페이지 공지사항 참고
> 4. 기타 : 유찰 시에는 시공업체 선정을 재공고 할 수 있음

> ㉠ 입찰 참가자는 주로 서면으로 신청한다.
> ㉡ 최저 가격을 제시한 신청자가 선정된다.
> ㉢ 신속하게 처리하기 위한 경매에 해당한다.
> ㉣ 판매자와 구매자 간 동시 경쟁으로 가격이 결정된다.

① ㉠㉡   ② ㉠㉢
③ ㉡㉢   ④ ㉡㉣
⑤ ㉢㉣

6 다음 글은 어떤 글을 쓰기 위한 서두 부분이다. 다음에 이어질 글을 추론하여 제목을 고르면?

> 우주선 안을 둥둥 떠다니는 우주비행사의 모습은 동화 속의 환상처럼 보는 이를 즐겁게 한다. 그러나 위아래 개념도 없고 무게도 느낄 수 없는 우주공간에서 실제 활동하는것은 결코 쉬운 일이 아니다. 때문에 우주비행사들은 여행을 떠나기 전에 지상기지에서 미세중력(무중력)에 대한 충분한 훈련을 받는다. 그러면 무중력 훈련은 어떤 방법으로 하는 것일까?

① 무중력의 신비
② 우주선의 신비
③ 우주선과 무중력
④ 비행사의 무중력 훈련
⑤ 우주선 안의 시각적 요소

7 다음의 글을 읽고 박 대리가 저지른 실수를 바르게 이해한 것은?

직장인 박 대리는 매주 열리는 기획회의에서 처음으로 발표를 할 기회를 얻었다. 박대리는 자신이 할 수 있는 문장실력을 총동원하여 4페이지의 기획안을 작성하였다. 기획회의가 열리고 박 대리는 기획안을 당당하게 읽기 시작하였다. 2페이지를 막 읽으려던 때, 부장이 한 마디를 했다. "박 대리, 그걸 전부 읽을 셈인가? 결론이 무엇인지만 말하지." 그러자 박 대리는 자신이 작성한 기획안을 전부 발표하지 못하고 중도에 대충 결론을 맺어 발표를 마무리하게 되었다.

① 박 대리의 기획안에는 첨부파일이 없었다.

② 박 대리의 발표는 너무 시간이 길었다.

③ 박 대리의 발표는 간결하지 못하고 시각적인 부분이 부족했다.

④ 박 대리의 기획안에는 참신한 아이디어가 없었다.

⑤ 박 대리의 기획안은 너무 화려하게 꾸며져 있었다.

8 장기기증본부에 근무하는 A는 기증된 신장이 대기 순번에 따라 배분되는 신장이식의 배분원칙이 각 수요자의 개별적 특성을 고려하지 못한 비효율적인 방식이라고 느끼게 되었다. 그래서 상사에게 환자의 수술 성공 확률, 수술 성공 후 기대 수명, 병의 위중 정도 등을 고려하는 배분원칙을 적용하는 것이 어떠냐고 제안하였다. 다음 중 A가 제안한 방식과 같은 방식이 적용된 것을 모두 고르면?

㉠ 시립 유치원에 취학을 신청한 아동들은 그 시 주민들의 자녀이고 각자 취학의 권리를 가지고 있으므로 취학 연령 아동들은 모두 동등한 기회를 가져야 한다. 유치원에 다니는 기간을 한정해서라도 모든 아이들에게 같은 기간 동안 유치원에 다닐 수 있는 기회를 제공해야 한다는 것이다. 그러기 위해서는 추첨으로 선발하는 방법이 유용하다.

㉡ 국고는 국민들의 세금으로 충당되고 모든 국민은 동등한 주권을 가지며 모든 유권자는 동등한 선거권을 가지므로 선거자금 지원의 대상은 후보가 아니라 유권자다. 유권자는 이 자금을 사용해 자신의 이해관계를 대변할 대리인으로서 후보를 선택하는 것이다. 따라서 유권자 한 명당 동일한 지원액을 산정해 유권자 개인에게 분배하고 유권자들이 후보에게 이 지원금을 직접 기부하게 해야 한다. 그 결과 특정 후보들에게 더 많은 자금 지원이 이루어질 수는 있다.

㉢ 이해 당사자들이 한정되어 있고 그 이해관계의 연관성과 민감도가 이해 당사자마다 다른 사회문제에 있어서는 결정권을 달리 할 필요가 있다. 예를 들어 혐오시설 유치를 결정하는 투표에서 그 유치 지역 주민들이 각자 한 표씩 행사하는

것이 아니라, 혐오시설 유치 장소와 거주지의 거리 및 생업의 피해 정도를 기준으로 이해관계가 클수록 더 많은 표를 행사할 수 있어야 한다.

① ㉠   ② ㉡

③ ㉢   ④ ㉠, ㉡

⑤ ㉡, ㉢

9 아래에 제시된 글을 읽고 20세기 중반 이후의 정당 체계에서 발생한 정당 기능의 변화로 볼 수 없는 것을 고르면?

대의 민주주의에서 정당의 역할에 대한 대표적인 설명은 책임정당정부 이론이다. 이 이론에 따르면 정치에 참여하는 각각의 정당은 자신의 지지 계급과 계층을 대표하고, 정부 내에서 정책 결정 및 집행 과정을 주도하며, 다음 선거에서 유권자들에게 그 결과에 대해 책임을 진다. 유럽에서 정당은 산업화 시기 생성된 노동과 자본 간의 갈등을 중심으로 다양한 사회 경제적 균열을 이용하여 유권자들을 조직하고 동원하였다. 이 과정에서 정당은 당원 중심의 운영 구조를 지향하는 대중정당의 모습을 띠었다. 당의 정책과 후보를 당원 중심으로 결정하고, 당내 교육과정을 통해 정치 엘리트를 충원하며, 정치인들이 정부 내에서 강한 기율을 지니는 대중정당은 책임정당정부 이론을 뒷받침하는 대표적인 정당 모형이었다. 대중정당의 출현 이후 정당은 의회의 정책 결정과 행정부의 정책 집행을 통제하는 정부 속의 정당 기능, 지지자들의 이익을 집약하고 표출하는 유권자 속의 정당 기능, 그리고 당원을 확충하고 정치 엘리트를 충원하고 교육하는 조직으로서의 정당 기능을 갖추어 갔다. 그러나 20세기 중반 이후 발생한 여러 원인으로 인해 정당은 이러한 기능에서 변화를 겪게 되었다. 산업 구조와 계층 구조가 다변화됨에 따라 정당은 특정 계층이나 집단의 지지만으로는 집권이 불가능해졌고 이에 따라 보다 광범위한 유권자 집단으로부터 지지를 획득하고자 했다. 그 결과 정당 체계는 특정 계층을 뛰어넘어 전체 유권자 집단에 호소하여 표를 구하는 포괄정당 체계의 모습을 띠게 되었다. 선거 승리라는 목표가 더욱 강조될 경우 일부 정당은 외부 선거 전문가로 당료들을 구성하는 선거전문가정당 체계로 전환되기도 했다. 이 과정에서 계층과 직능을 대표하던 기존의 조직 라인은 당 조직의 외곽으로 밀려나기도 했다. 조직의 외곽으로 밀려나기도 했다. 한편 탈산업 사회의 도래와 함께 환경, 인권, 교육 등에서 좀 더 나은 삶의 질을 추구하는 탈물질주의가 등장함에 따라 새로운 정당의 출현에 대한 압박이 생겨났다. 이는 기득권을 유지해온 기성 정당들을 위협했다. 이에 정당들은 자신의 기득권을 유지하기 위해 공적인 정치 자원의 과점을 통해 신생 혹은 소수당의 원 내 진입이나 정치 활동을 어렵게 하는 카르텔정당 체계를 구성하기도 했다. 다양한 정치관계법은 이런 체계를 유지하는 대표적인 수단으로 활용되었다.

정치관계법과 관련된 선거 제도의 예를 들면, 비례대표제에 비해 다수대표제는 득표 대비 의석 비율을 거대정당에 유리하도록 만들어 정당의 카르텔화를 촉진하는 데 활용되기도 한다. 이러한 정당의 변화 과정에서 정치 엘리트들의 자율성은 증대되었고, 정당지도부의 권력이 강화되어 정부 내 자당 소속의 정치인들에 대한 통제력이 증가되었다.

하지만 반대로 평당원의 권력은 약화되고 당원 수는 감소하여 정당은 지지 계층 및 집단과의 유대를 잃어가기 시작했다. 뉴미디어가 발달하면서 정치에 관심은 높지만 정당과는 거리를 두는 '인지적' 시민이 증가함에 따라 정당 체계는 또 다른 도전에 직면하게 되었다. 정당 조직과 당원들이 수행했던 기존의 정치적 동원은 소셜 네트워크 내 시민들의 자기 조직적 참여로 대체 되었다. 심지어 정당을 우회하는 직접 민주주의의 현상도 나타났다.

이에 일부 정당은 카르텔 구조를 유지하면서도 공직 후보 선출권을 일반 국민에게 개방하는 포스트카르텔정당 전략이나, 비록 당원으로 유입시키지 못할지라도 온라인 공간에서 인지적 시민과의 유대를 강화하려는 네트워크정당 전략으로 위기에 대응하고자 했다. 그러나 이러한 제반의 개혁 조치가 대중 정당으로의 복귀를 의미하지는 않았다. 오히려 당원이 감소되는 상황에서 선출권자나 후보들을 정당 밖에서 충원함으로써 적 의미의 정당 기능은 약화되었다. 물론 이러한 상황에서도 20세기 중반 이후 정당 체계들이 여전히 책임정당정치를 일정하게 구현하고 있다는 주장이 제기되기도 했다.

예를 들어 국가 간 비교를 행한 연구는 최근의 정당들이 구체적인 계급, 계층 집단을 조직하고 동원하지는 않지만 일반 이념을 매개로 정치 영역에서 유권자들을 대표하는 기능을 강화했음을 보여주었다. 유권자들은 좌우의 이념을 통해 정당의 정치적 입장을 인지하고 자신과 이념적으로 가까운 정당에 정치적 이해를 표출하며, 정당은 집권 후 이를 고려하여 책임정치를 일정하게 구현하고 있다는 것이다. 이때 정당은 포괄정당에서 네트워크정당까지 다양한 모습을 띨 수 있지만, 이념을 매개로 유권자의 이해와 정부의 책임성 간의 선순환적 대의 관계를 잘 유지하고 있다는 것이다. 이와 같이 정당의 이념적 대표성을 긍정적으로 평가하는 주장에 대해 몇몇 학자 및 정치인들은 대중정당론에 근거한 반론을 제기하기도 한다. 이들은 여전히 정당이 계급과 계층을 조직적으로 대표해야 하며, 따라서 정당의 전통적인 기능과 역할을 복원하여 책임정당정치를 강화해야 한다는 주장을 제기하고 있다.

① 조직으로서의 정당 기능의 강화
② 유권자의 일반 이념을 대표하는 기능의 강화
③ 유권자를 정치적으로 동원하는 기능의 약화
④ 정부 속의 정당 기능의 강화
⑤ 유권자 속의 정당 기능의 약화

10 다음 글의 문맥상 빈 칸 ㈎에 들어갈 가장 적절한 말은 어느 것인가?

여름이 빨리 오고 오래 가다보니 의류업계에서 '쿨링'을 컨셉으로 하는 옷들을 앞다퉈 내놓고 있다. 그물망 형태의 옷감에서 냉감(冷感)을 주는 멘톨(박하의 주성분)을 포함한 섬유까지 접근 방식도 제각각이다. 그런데 가까운 미래에는 미생물을 포함한 옷이 이 대열에 합류할지도 모르겠다. 박테리아 같은 미생물은 여름철 땀냄새의 원인이라는데 어떻게 옷에 쓰일 수 있을까.

생물계에서 흡습형태변형은 널리 관찰되는 현상이다. 솔방울이 대표적인 예로 습도가 높을 때는 비늘이 닫혀있어 표면이 매끈한 덩어리로 보이지만 습도가 떨어지면 비늘이 삐죽삐죽 튀어나온 형태로 바뀐다. 밀이나 보리의 열매(낟알) 끝에 달려 있는 까끄라기도 습도가 높을 때는 한 쌍이 거의 나란히 있지만 습도가 낮아지면 서로 벌어진다. 이런 현상은 한쪽 면에 있는 세포의 길이(크기)가 반대 쪽 면에 있는 세포에 비해 습도에 더 민감하게 변하기 때문이다. 즉 습도가 낮아져 세포 길이가 짧아지면 그쪽 면을 향해 휘어지는 것이다.

MIT의 연구자들은 미생물을 이용해서도 이런 흡습형태변형을 구현할 수 있는지 알아보기로 했다. 즉 습도에 영향을 받지 않는 재질인 천연라텍스 천에 농축된 대장균 배양액을 도포해 막을 형성했다. 대장균은 별도의 접착제 없이도 소수성 상호작용으로 라텍스에 잘 달라붙는다. 라텍스 천의 두께는 150~500μm(마이크로미터. 1μm는 100만분의1m)이고 대장균 막의 두께는 1~5μm다. 이 천을 상대습도 15%인 건조한 곳에 두자 대장균 세포에서 수분이 빠져나가며 대장균 막이 도포된 쪽으로 휘어졌다. 이 상태에서 상대습도 95%인 곳으로 옮기자 천이 서서히 펴지며 다시 평평해졌다. 이 과정을 여러 차례 반복해도 같은 현상이 재현됐다.

연구자들은 원자힘현미경(AFM)으로 대장균 막을 들여다봤고 상대습도에 따라 크기(부피)가 변한다는 사실을 확인했다. 즉 건조한 곳에서는 대장균 세포부피가 30% 정도 줄어드는데 이 효과가 천에서 세포들이 나란히 배열된 쪽을 수축시키는 현상으로 나타나 그 방향으로 휘어지는 것이다. 연구자들은 이런 흡습형태변형이 대장균만의 특성인지 미생물의 일반 특성인지 알아보기 위해 몇 가지 박테리아와 단세포 진핵생물인 효모에 대해서도 같은 실험을 해봤다. 그 결과 정도의 차이는 있었지만 패턴은 동일했다.

다음으로 연구자들은 양쪽 면에 미생물이 코팅된 천이 쿨링 소재로 얼마나 효과적인지 알아보기로 했다. 연구팀은 흡습형태변형이 효과를 낼 수 있도록 독특한 형태로 옷을 디자인했다. 즉, (㈎)

그 결과 공간이 생기면서 땀의 배출을 돕는다. 측정 결과 미생물이 코팅된 천으로 만든 옷을 입을 경우 같은 형태의 일반 천으로 만든 옷에 비해 피부 표면 공기의 온도가 2도 정도 낮아 쿨링 효과가 있는 것으로 나타났다.

① 체온이 높은 등 쪽으로 천이 휘어지게 되는 성질을 이용해 평상시에는 옷이 바깥쪽으로 더 튀어나오도록 디자인했다.

② 미생물이 코팅된 천이 땀으로 인한 습도의 영향을 잘 받을 수 있도록 옷의 안쪽 면에 부착하여 옷의 바깥쪽과는 완전히 다른 환경을 유지할 수 있도록 디자인했다.

③ 땀이 많이 나는 등 쪽에 칼집을 낸 형태로 만들어 땀이 안 날 때는 평평하다가 땀이 나면 피부 쪽 면의 습도가 높아져 미생물이 팽창해 천이 바깥쪽으로 휘어지도록 디자인했다.

④ 땀이 나서 습도가 올라가면 등 쪽의 세포 길이가 짧아질 것을 고려해 천이 안쪽으로 휘어져 공간이 생길 수 있도록 디자인했다.

⑤ 땀이 흐르는 등과 천 사이에 일정한 공간이 유지될 수 있도록 천에 미생물 코팅 면을 부착해 공간 사이로 땀이 흘러내리며 쿨링 효과를 일으킬 수 있도록 디자인했다.

11 형수와 동수가 같이 일하면 6일이 걸리는 일이 있다. 이 일을 먼저 형수가 4일 동안 일하고 동수와 함께 3일을 일하여 7일 만에 끝마쳤다. 이 일을 형수 혼자서 한다면 며칠이 걸리겠는가?

① 8일   ② 9일

③ 10일   ④ 11일

⑤ 15일

12 어느 회사에서 직원들에게 간식으로 과자를 나누어주려고 한다. 3개씩 나누어 주면 2개가 남고 5개씩 나누어주면 8개가 부족하다. 이때 직원의 수와 과자의 개수를 각각 구하면?

	직원의 수	과자의 수
①	5명	17개
②	5명	16개
③	6명	15개
④	6명	17개
⑤	7명	18개

13 둘레가 20m인 트랙을 갑, 을 두 사람이 같은 지점에서 출발하여 반대 방향으로 달리면 4초 후에 만나고, 같은 방향으로 달리면 빠른 사람이 느린 사람을 20초 후에 따라 잡는다고 한다. 빠른 사람의 속력은?

① 2m/초

② 3m/초

③ 4m/초

④ 5m/초

⑤ 6m/초

14 빨간색 주사위 2개와 파란색 주사위 3개가 있다. 5개의 주사위 중에서 2개를 무작위로 집어서 던졌을 때, 둘 다 빨간색이고 나온 주사위 눈 수의 합이 10 이상일 확률은?

① $\frac{1}{120}$

② $\frac{1}{60}$

③ $\frac{1}{150}$

④ $\frac{1}{36}$

⑤ $\frac{1}{150}$

15 갑동이는 올해 10살이다. 엄마의 나이는 갑동이와 누나의 나이를 합한 값의 두 배이고, 3년 후의 엄마의 나이는 누나의 나이의 세 배일 때, 올해 누나의 나이는 얼마인가?

① 12세

② 13세

③ 14세

④ 15세

⑤ 16세

16 다음은 총기소지허가 추기 통계표이다. 2011년 전체 총기허가 건수 중 엽총이 차지하는 비율은 몇 %인가? (단, 소수점 첫째 자리에서 반올림하시오)

(단위 : 정)

구분	2004	2005	2006	2007	2008	2009	2010	2011
계	303,139	288,464	276,784	268,216	260,310	242,403	219,979	192,985
전년대비 비율, %	-1.5	-4.8	-4.0	-3.0	-2.9	-6.9	-9.2	-12.3
권총	1,632	1,553	1,596	1,573	1,648	1,734	1,803	1,813
소총	625	636	586	602	576	610	648	653
엽총	36,785	30,058	37,972	38,685	38,012	38,317	38,025	37,654
공기총	209,702	193,616	180,420	172,590	168,175	153,517	138,593	121,201
기타총	54,395	54,601	56,210	54,766	51,899	48,225	40,910	31,664

① 16% ② 18%

③ 20% ④ 22%

⑤ 24%

17 2015년 행정구역별 인구 이동자 수의 자료를 보고 인구변화가 가장 큰 지역을 고르면?

행정구역	전입	전출
서울특별시	1,555,281	1,658,928
부산광역시	461,042	481,652
대구광역시	348,642	359,206
인천광역시	468,666	440,872
광주광역시	228,612	230,437
대전광역시	239,635	239,136
울산광역시	161,433	157,427
세종특별자치시	32,784	15,291

① 서울특별시

② 부산광역시

③ 대구광역시

④ 대전광역시

⑤ 울산광역시

18 남한은 상대적으로 자본이 풍부하고 북한은 노동력이 풍부하다. 남북한이 하나의 시장경제로 통합될 경우, 통합 이전과 비교하여 남한의 임금과 이자율의 변동 상황으로 적절한 설명은 어느 것인가? (단, 남북한 노동력은 숙련도 차이가 없으며, 외국과의 자본, 노동 이동이 없다고 가정한다)

① 임금은 상승하고 이자율은 하락할 것이다.

② 임금은 하락하고 이자율은 상승할 것이다.

③ 임금과 이자율 모두 하락할 것이다.

④ 임금과 이자율 모두 상승할 것이다.

⑤ 임금과 이자율 모두 불변일 것이다.

19 정수는 6명의 친구들과 저녁 식사를 했다. 평균 한 사람당 12,000원씩 낸 것과 같다면 친구들은 얼마씩 낸 것인가? (단, 정수가 음료수 값도 함께 계산하기로 하여 24,000원을 먼저 내고, 나머지 친구들은 동일한 금액으로 나누어 냈다.)

① 8,500원

② 9,000원

③ 9,500원

④ 10,000원

⑤ 10,500원

20 서원이는 집에서 중학교까지 19km를 통학한다. 집으로부터 자전거로 30분 동안 달린 후 20분 동안 걸어서 중학교에 도착했다면 걷는 속도는 분당 몇 km인가? (단, 자전거는 분속 0.5km로 간다고 가정한다.)

① 0.2km ② 0.4km

③ 0.6km ④ 0.8km

⑤ 1km

21 다음 글을 근거로 판단할 때, 9월 17일(토)부터 책을 대여하기 시작한 甲이 마지막 편을 도서관에 반납할 요일은? (단, 다른 조건은 고려하지 않는다)

甲은 10편으로 구성된 위인전을 완독하기 위해 다음과 같이 계획하였다.

책을 빌리는 첫째 날은 한 권만 빌려 다음날 반납하고, 반납한 날 두 권을 빌려 당일 포함 2박 3일이 되는 날 반납한다. 이런 식으로 도서관을 방문할 때마다 대여하는 책의 수는 한 권씩 증가하지만, 대여 일수는 빌리는 책 권수를 n으로 했을 때 두 권 이상일 경우 $(2n-1)$의 규칙으로 증가한다.

예를 들어 3월 1일(월)에 1편을 빌렸다면 3월 2일(화)에 1편을 반납하고 그날 2, 3편을 빌려 3월 4일(목)에 반납한다. 4일에 4, 5, 6편을 빌려 3월 8일(월)에 반납하고 그날 7, 8, 9, 10편을 대여한다.

도서관은 일요일만 휴관하고, 이날은 반납과 대여가 불가능하므로 다음날인 월요일에 반납과 대여를 한다. 이 경우에 한하여 일요일은 대여 일수에 포함되지 않는다.

① 월요일   ② 화요일

③ 수요일   ④ 목요일

⑤ 금요일

22 직장인인 기원, 현욱, 은영, 정아는 아침을 못먹어서 출근길에 우유를 사먹었다. 자신이 먹은 우유에 대한 진술과 주어진 정보를 종합했을 때 A~D 중 은영이가 먹은 우유는 무엇인가?

〈진술〉
• 기원 : 나는 흰우유를 먹었어
• 현욱 : 내가 먹은 우유는 정아가 먹은 우유보다 용량이 많았어
• 은영 : 내가 먹은 우유는 가장 비싼 우유는 아니야
• 정아 : 내가 먹은 우유는 다른 누군가가 먹은 우유와 종류가 같았어

〈정보〉

	종류	용량(ml)	가격(원)
A	흰우유	190	1,100
B	흰우유	200	1,200
C	딸기우유	200	1,200
D	바나나우유	350	1,500

① A   ② B

③ C   ④ D

⑤ 그 어떤 우유도 먹지 않았다.

23 편의점에 우유, 콜라, 사이다, 이온음료, 오렌지주스로 구성된 다섯 가지 음료가 진열돼 있다. 아래 조건을 만족시킬 때 왼쪽에서 두 번째에 진열될 수 있는 음료가 아닌 것은?

〈조건〉
• 우유는 오렌지주스보다 왼쪽에 진열 돼 있다.
• 콜라와 사이다 사이에는 반드시 음료 하나가 진열돼야 한다.
• 이온음료는 가장 오른쪽에 진열돼 있다.

① 우유

② 콜라

③ 사이다

④ 오렌지주스

⑤ 이온음료

24 다음은 각 방한의류들의 특성들을 정리한 표이다. 무게가 가볍고 실용성이 높은 방한의류를 원하는 등산객들은 어떤 방한의류를 구매할 때 최상의 선택을 하는 것인가?

	가격	브랜드가치	무게	디자인	실용성
A	★★★☆☆	★★★★★	★★★☆☆	★★★☆☆	★★★★☆
B	★★★★★	★★☆☆☆	★★★☆☆	★★★★☆	★★★★★
C	★★★☆☆	★☆☆☆☆	★★★★☆	★★★★★	★★☆☆☆
D	★★☆☆☆	★★★★☆	★★★☆☆	★★☆☆☆	★★★★☆
E	★★★★☆	★★★★★	★★☆☆☆	★★★★☆	★★★☆☆

★★★★★ : 매우 좋음
★★★★☆ : 좋음
★★★☆☆ : 보통
★★☆☆☆ : 나쁨
★☆☆☆☆ : 매우 나쁨

① A   ② B

③ C   ④ D

⑤ E

25 빨간색, 파란색, 노란색 구슬이 각각 한 개씩 있다. 이 세 개의 구슬을 A, B, C 세 사람에게 하나씩 나누어 주고, 세 사람 중 한 사람만 진실을 말하도록 하였더니 구슬을 받고 난 세 사람이 다음과 같이 말하였다.

> A : 나는 파란색 구슬을 가지고 있다.
> B : 나는 파란색 구슬을 가지고 있지 않다.
> C : 나는 노란색 구슬을 가지고 있지 않다.

빨간색, 파란색, 노란색의 구슬을 받은 사람을 차례대로 나열한 것은?

① A, B, C
② A, C, B
③ B, A, C
④ C, B, A
⑤ B, C, A

26 용의자 A, B, C, D 4명이 있다. 이들 중 A, B, C는 조사를 받는 중이며 D는 아직 추적 중이다. 4명 중에서 한 명만이 진정한 범인이며, A, B, C의 진술 중 한 명의 진술만이 참일 때 범인은 누구인가?

> • A : B가 범인이다.
> • B : 내가 범인이다.
> • C : D가 범인이다.

① A
② B
③ C
④ D
⑤ 정답 없음

27 아래 보기는 A회사 영업 A팀 구성원의 하루 업무 스케줄을 정리한 표이다. 신입사원 B씨는 작성된 스케줄을 바탕으로 다음 주에 진행될 사내 영업실적결과보고 발표와 관련하여 금일 팀 회의 시간을 선정하려고 한다. 전 구성원을 고려하여 1시간 동안 진행될 팀 회의시간을 결정한다고 할 때 가장 효율적인 시간대는 언제인가?

〈A사 영업 A팀 구성원 스케줄 보고〉

시간	직급 별 스케줄				
	부장	차장	대리	주임	사원
9:00~10:00	부장 업무회의		신규거래처 관리	기존고객 관리	거래처 견적서작성
10:00~11:00			신규거래 계약서검토		팀 필요물품 요청
11:00~12:00	신규거래 계약			불만접수, 처리	
12:00~13:00	점심식사				
13:00~14:00	실적전략 수립		시장조사	시장조사	시장조사
14:00~15:00		판매예산 편성	시장조사	시장조사	시장조사
15:00~16:00					
16:00~17:00			조사결과 보고	조사결과 보고	
17:00~18:00	판매예산 결제				

① 9:00~10:00
② 11:00~12:00
③ 14:00~15:00
④ 15:00~16:00
⑤ 16:00~17:00

28 다음 조건을 바탕으로 할 때 정 대리가 이번 달 중국 출장 출발일로 정하기에 가장 적절한 날은 언제인가? (전체 일정은 모두 이번 달 안에 속해 있다.)

> • 이번 달은 1일이 월요일인 달이다.
> • 3박 4일 일정이며 출발일과 도착일이 모두 휴일이 아니어야 한다.
> • 현지에서 복귀하는 비행편은 매주 화, 목요일에만 있다.
> • 이번 달 셋째 주 화요일에 있을 부서의 중요한 회의에 반드시 참석해야 하며, 회의 후에 출장을 가려 한다.

① 12일
② 15일
③ 17일
④ 22일
⑤ 28일

29 다음은 수미의 소비상황과 각종 신용카드 혜택 정보이다. 수미가 가장 유리한 하나의 신용카드만을 결제수단으로 사용할 때 적절한 소비수단은?

- 뮤지컬, OO 테마파크 및 서점은 모두 B 신용카드의 문화 관련업에 해당한다.
- 신용카드 1포인트는 1원이고, 문화상품권 1매는 1만 원으로 가정한다.
- 혜택을 금전으로 환산하여 액수가 많을수록 유리하다.
- 액수가 동일한 경우 할인혜택, 포인트 적립, 문화상품권 지급 순으로 유리하다.
- 혜택의 액수 및 혜택의 종류가 동일한 경우 혜택 부여시기가 빠를수록 유리하다(현장할인은 결제 즉시 할인되는 것을 말하며, 청구할인은 카드대금 청구 시 할인 되는 것을 말한다).

〈수미의 소비상황〉

서점에서 여행서적(정가 각 3만 원) 3권과 DVD 1매(정가 1만 원)를 구입(직전 1개월 간 A신용카드 사용금액은 15만 원이며, D신용카드는 가입 후 미사용 상태임)

〈각종 신용카드의 혜택〉

A 신용카드	○○테마파크 이용 시 본인과 동행 1인의 입장료의 20% 현장 할인(단, 직전 1개월 간 A신용카드 사용금액이 30만 원 이상인 경우에 한함)
B 신용카드	문화 관련 가맹업 이용 시 총액의 10% 청구 할인(단, 할인되는 금액은 5만 원을 초과할 수 없음)
C 신용카드	이용 시마다 사용금액의 10%를 포인트로 즉시 적립. 사용금액이 10만 원을 초과하는 경우에는 사용금액의 20%를 포인트로 즉시 적립
D 신용카드	가입 후 2만 원 이상에 상당하는 도서류(DVD 포함) 구매 시 최초 1회에 한하여 1만 원 상당의 문화상품권 증정(단, 문화상품권은 다음달 1일에 일괄 증정)

① A 신용카드
② B 신용카드
③ C 신용카드
④ D 신용카드
⑤ 정답 없음

30 다음 제시문을 읽고 바르게 추론한 것을 〈보기〉에서 모두 고른 것은?

A회사에서는 1,500명의 소속직원들이 마실 생수를 구입하기로 하였다. 모든 조건이 동일한 두 개의 생수회사가 최종 경쟁을 하게 되었다. 구입 담당자는 직원들에게 시음하게 하여 직원들이 가장 좋아하는 생수를 선정하고자 하였다. 다음과 같은 절차를 통하여 구입 담당자가 시음회를 주관하였다.
- 직원들로부터 더 많이 선택 받은 생수회사를 최종적으로 선정한다.
- 생수 시음회 참여를 원하는 직원을 대상으로 신청자를 접수하고 그 중 남자 15명과 여자 15명을 무작위로 선정하였다.
- 두 개의 컵을 마련하여 하나는 1로 표기하고 다른 하나는 2로 표기하여 회사이름을 가렸다.
- 참가직원들은 1번 컵의 생수를 마신 후 2번 컵의 생수를 마시고 둘 중 어느 쪽을 선호하는지 표시하였다.

〈보기〉
㉠ 참가자들이 특정 번호를 선호할 가능성을 고려하지 못하였다.
㉡ 참가자가 무작위로 선정되었으므로 전체 직원에 대한 대표성이 확보되었다.
㉢ 참가자의 절반은 2번 컵을 먼저 마시고 1번 컵을 나중에 마시도록 했어야 한다.
㉣ 우리나라의 남녀 비율이 50대 50이므로 남자직원과 여자직원을 동수로 뽑은 것은 적절하였다.

① ㉠㉡
② ㉠㉢
③ ㉡㉢
④ ㉡㉣
⑤ ㉠㉡㉢㉣

31 컨테이너의 보안기술에 관한 설명으로 옳은 것은?
① 차량이나 선박 추적에 활용되는 물류정보기술이 컨테이너 추적에는 적용 불가능하다.
② 복층으로 적재된 컨테이너 내부의 화물정보를 모니터링하는 목적으로 사용되며, 인공위성을 이용한 방법이 보편화되어 있다.
③ RFID기술은 나무, 직물, 플라스틱 등을 투과하지 못하므로 컨테이너 보안에 적용할 수 없다.
④ 전자봉인(e-seal)은 컨테이너의 개봉흔적이나 내부 침입의 여부를 전자적으로 감지하는 읽기 및 쓰기 겸용 장치이며, 재활용이 가능하다.
⑤ CSD(Container Security Device)는 컨테이너 내부 침입 유무와 화물파손 여부, 이동상황 등을 실시간으로 파악하는 물류보안 시스템이다.

32 철수와 영희는 서로 간 운송업을 동업의 형식으로 하고 있다. 그런데 이들 기업은 2.5톤 트럭으로 운송하고 있다. 누적실제차량수가 400대, 누적실제가동차량수가 340대, 누적주행거리가 40,000km, 누적실제주행거리가 30,000km, 표준연간차량의 적하일수는 233일, 표준연간일수는 365일, 2.5톤 트럭의 기준용적은 10㎡, 1회 운행당 평균용적은 8㎡이다. 위와 같은 조건이 제시된 상황에서 적재율, 실제가동률, 실차율을 각각 구하면?

① 적재율 80%, 실제가동률 85%, 실차율 75%

② 적재율 85%, 실제가동률 65%, 실차율 80%

③ 적재율 80%, 실제가동률 85%, 실차율 65%

④ 적재율 80%, 실제가동률 65%, 실차율 75%

⑤ 적재율 85%, 실제가동률 80%, 실차율 70%

33 화물자동차의 운송비용에 관한 설명으로 옳지 않은 것은?

① 거리가 증가할수록 ton-km 단위당 운송비용은 낮아진다.

② 변동비에는 차량수리비와 연료비가 포함된다.

③ 취급이 어렵거나 운송에 시간이 많이 소요되는 화물의 경우 운송비용이 높아진다.

④ 고정비에는 세금 및 공과금이 포함된다.

⑤ 1회 운송단위가 클수록 단위당 운송비용은 높아진다.

34 J회사 관리부에서 근무하는 L씨는 소모품 구매를 담당하고 있다. 2015년 5월 중에 다음 조건 하에서 A4용지와 토너를 살 때, 총 비용이 가장 적게 드는 경우는? (단, 2015년 5월 1일에는 A4용지와 토너는 남아 있다고 가정하며, 다 썼다는 말이 없으면 그 소모품들은 남아있다고 가정한다)

- A4용지 100장 한 묶음의 정가는 1만 원, 토너는 2만 원이다. (A4용지는 100장 단위로 구매함)
- J회사와 거래하는 ◇◇오피스는 매달 15일에 전 품목 20% 할인 행사를 한다.
- ◇◇오피스에서는 5월 5일에 A사 카드를 사용하면 정가의 10%를 할인해 준다.
- 총 비용이란 소모품 구매가격과 체감비용(소모품을 다 써서 느끼는 불편)을 합한 것이다.
- 체감비용은 A4용지와 토너 모두 하루에 500원이다.
- 체감비용을 계산할 때, 소모품을 다 쓴 당일은 포함하고 구매한 날은 포함하지 않는다.
- 소모품을 다 쓴 당일에 구매하면 체감비용은 없으며, 소모품이 남은 상태에서 새 제품을 구입할 때도 체감비용은 없다.

① 3일에 A4용지만 다 써서, 5일에 A사 카드로 A4용지와 토너를 살 경우

② 13일에 토너만 다 써서 당일 토너를 사고, 15일에 A4용지를 살 경우

③ 10일에 A4용지와 토너를 다 써서 15일에 A4용지와 토너를 같이 살 경우

④ 3일에 A4용지만 다 써서 당일 A4용지를 사고, 13일에 토너를 다 써서 15일에 토너만 살 경우

⑤ 3일에 토너를 다 써서 5일에 A사 카드로 토너를 사고, 7일에 A4용지를 다 써서 15일에 A4용지를 살 경우

35 (주) Mom에서는 A라는 상품의 재고를 정량발주법으로 관리하고 있다. 이 상품에 대한 연간 수요량이 400개, 구매가격은 단위당 10,000원, 연간 단위당 재고유지비는 구매가격의 10%이고, 1회 주문비용은 8,000원이다. 단 1년은 365일로 한다. 이 경우에 주문주기는?

① 33일

② 50일

③ 73일

④ 80일

⑤ 93일

36 다음과 같은 조건에서 제품을 보관하기 위해 필요한 창고의 바닥 면적(m^2)은?

- 파렛트 적재 단수 : 1단
- 파렛트 당 제품 적재수량 : 200 Box
- 제품 수량 : 100,000 Box
- 파렛트의 면적 : $1.2m^2$
- 창고 적재율 : 30%

① 500

② 600

③ 750

④ 1,000

⑤ 2,000

37 창고관리시스템(WMS ; Warehouse Management System)의 정량적 효과로 옳지 않은 것은?

① 입·출고 운영 측면에서는 피킹, 패킹의 오류를 감소시키고, 입고 검품 시간을 단축시킨다.

② 재고 측면에서는 재고를 감축시키고, 재고파악의 정확성을 높인다.

③ 비용 측면에서는 노무비용, 클레임비용 및 사무비용을 감소시킨다.

④ 공간 측면에서는 IT(Information Technology)를 활용한 창고관리에 중점을 두기 때문에 공간 활용도와 가용 공간이 감소된다.

⑤ 작업 측면에서는 생산성이 증가된다.

38 각 4개 지점 간의 거리와 각 지점에서의 취급 물동량이 다음과 같을 때, 거리만을 고려한 최적의 물류 거점의 입지(㉠)와 거리 및 물동량을 고려한 최적의 물류거점의 입지(㉡)로 옳은 것은?

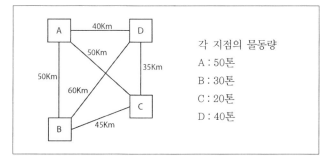

각 지점의 물동량
A : 50톤
B : 30톤
C : 20톤
D : 40톤

① ㉠ : A, ㉡ : B

② ㉠ : B, ㉡ : A

③ ㉠ : B, ㉡ : C

④ ㉠ : C, ㉡ : A

⑤ ㉠ : C, ㉡ : B

39 소매상 B기업의 A제품에 대한 연간 판매량은 10,000개이다. A제품을 도매상에 발주하면 6일 후에 도착한다고 한다. 이 기업의 연간 영업 가능일은 100일이고 안전재고로 200개를 보유하고 있어야 한다면 재주문점(Reorder Point)은 몇 개인가?

① 600개

② 650개

③ 700개

④ 750개

⑤ 800개

40 A제품의 조달기간은 3주였으나 외부상황의 변동에 따라 조달기간이 12주로 변경되었고, 수요의 표준편차가 2배로 확대되었다면 A제품의 안전재고 변화량은? (단, 다른 조건은 동일하다.)

① 기존의 2배 증가

② 기존의 3배 증가

③ 기존의 4배 증가

④ 기존의 8배 증가

⑤ 기존의 16배 증가

〉〉 **직무수행능력평가(경영학)**

41 아래의 그림에 관한 내용을 참조하여 유추 가능한 내용으로 보기 가장 어려운 것을 고르면?

① 초반부터 소비자에 대한 신뢰도의 구축이 가능하다.

② 이러한 점포들이 많아질수록 통제에 따른 어려움이 따르게 된다.

③ 운영에 있어 각 점포의 실정에 맞지 않을 수 있다.

④ 실패에 대한 리스크가 낮다.

⑤ 가맹본부에 대한 낮은 의존도가 장점이다.

42 아래 그림을 참조하여 이에 대한 추론이 가능한 내용으로 바르지 않은 것을 고르면?

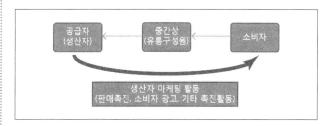

① 점포 방문 전에 미리 브랜드 선택이 이루어진다.

② 관여도가 높은 상품에 적합한 전략이다.

③ 소비자들의 브랜드 애호도가 높다.

④ 광고와 홍보를 주로 활용한다.

⑤ 충동구매가 잦은 제품의 경우에 적합한 전략이다.

43 다음 중 편의표본 추출법에 관한 설명으로 바르지 않은 것은?

① 연구 조사자가 편리한 시간 및 장소에 접촉하기 쉬운 대상을 표본으로 선정하는 것을 의미한다.

② 표본의 모집단 대표성이 부족하다.

③ 조사대상을 적은 시간 및 비용으로 확보할 수 있다.

④ 편의표본으로부터 엄격한 분석결과를 취득할 수 없지만, 조사 대상들의 특성에 대한 개괄적인 정보의 획득이 가능하다.

⑤ 가장 널리 활용되는 표본추출 방식이다.

44 사이먼(H. Simon)은 의사결정 대상의 성격에 따라 정형적 의사결정과 비정형적 의사결정으로 구분하고 있는데, 다음 중 비정형적인 의사결정에 대한 내용으로 보기 어려운 것은?

① 비일상적이면서 특수한 상황에 적용되는 성격을 지니고 있다.

② 주로 전략적인 의사결정의 수준을 취하고 있다.

③ 전통적인 기법에서는 직관, 판단, 경험법칙 등에 의존했으며, 현대적 기법에서는 휴리스틱 기법을 활용하고 있다.

④ 이러한 의사결정의 조직구조에서의 의사결정은 주로 하위층에서 수행하게 된다.

⑤ 이러한 의사결정의 경우 주로 비구조화 되어 있고, 결정 사항 등이 비일상적이며, 복잡한 조직 등에 적용된다.

45 차고 및 A, B, C 간의 거리는 다음 표와 같다. 차고에서 출발하여 A, B, C 3개의 수요지를 각각 1대의 차량이 방문하는 경우에 비해, 1대의 차량으로 3개의 수요지를 모두 방문하고 차고지로 되돌아오는 경우, 수송 거리가 최대 몇 km 감소되는가?

구분	A	B	C
차고	10	13	12
A	–	5	10
B	–	–	7

① 30

② 32

③ 34

④ 36

⑤ 38

46 기업에서의 효율적인 재고관리를 위해서는 정확한 로스(loss)를 파악하는 것이 중요하다. 어떤 점포의 식품 매출과 재고현황이 다음과 같을 때 이를 참조하여 상품 로스(loss)율을 구하면?

매출실적액	기초재고액	기중매입액	실사재고액
340	137	260	40

① 3%

② 4%

③ 5%

④ 6%

⑤ 7%

47 물류정보시스템은 물적 유통에 있어서의 효율화를 기하기 위한 정보 전달 처리 시스템으로써 주문 및 수·발주 업무를 시스템화하여 재고의 최소화, 수·배송의 합리화, 생산의 계획화 등을 달성키 위한 정보 처리 시스템을 의미하는데 다음 중 A 대학교 경영학부에 재학 중인 5명의 친구들이 물류정보시스템에 관해 토론한 내용 중 가장 옳지 않은 것을 고르면?

① 형일 : 기업 조직의 물류정보시스템은 기업의 거래활동을 추진하기 위한 수주에서 출하까지의 모든 기능을 조절하여 효율화하는 역할을 수행해

② 원모 : 판매 및 재고정보가 신속하게 집약되지 못하는 관계로 생산과 판매에 대한 조정이 불가능해

③ 연철 : 재고량의 적정정도에 따라 창고와 배송센터 등의 물류센터와 물류시설의 효율적인 활용이 가능해

④ 용구 : 배송관리에 컴퓨터를 적용하기 때문에 효율적인 출하배송이 가능하게 되어 배송비가 절감되거든

⑤ 규호 : 배차 및 배송시스템은 물품의 사이즈와 중량을 사전에 등록시켜서 배차의 할당품목과 수량을 정하는 것과 배차계획을 어떻게 현실적으로 즉시 입안하는가 하는 중요한 사항을 다루게 되는 시스템이야

48 화물운송은 제품의 특성으로 인해 여러 수송수단을 활용하게 되는데 이에 대해 아래에 제시된 각 그림에 대한 설명으로 가장 적절하지 않은 것을 고르면?

① ㉠의 경우, 공공도로를 이용하여 운송하는 방법으로 주로 자동차를 이용한다.

② ㉡의 경우, 선박을 이용하여 재화의 장소적 이전을 통해 효용을 창출한다.

③ ㉢의 경우, 공로운송에 비해 장거리 대량운송에 적합하다.

④ ㉣의 경우, 석유류제품·가스제품 운송 등에 이용되고 있으며, 다른 운송수단과 연계하여 활용할 수 있는 가능성이 매우 높다.

⑤ ㉤의 경우, 신속한 운송을 요하는 고가 화물에 많이 이용된다.

49 다음의 기사는 과학적 관리론과 인간관계론에 대한 기사 중 일부를 나타낸 것이다. 이 중 메이요의 호손실험을 통해 말하고자 하는 내용과 가장 관련성이 먼 것을 고르면?

> 일이냐, 사람이냐? 따뜻한 배려인가, 냉정한 구도 중심인가? 인문학적 관심인가, 과학적 관리인가? 많은 리더들의 해묵은 숙제다.
> 생산성을 높이기 위해선 마른 수건도 쥐어짜는 성과 중심의 과학적 관리 방식이 당연히 끌린다. 하지만 급한 마음에 일방적으로 몰아붙이다 보면 '인재'들이 이탈할 것이 걱정돼 고민이 커진다. 이 말도 옳고 저 말도 옳은데 우리 조직은 어느 쪽을 따를 것인가. 폼으로 보게 되면 관계 중심이 당연히 끌린다.
> 왕을 위한 동산과 연못을 파는 건축을 하는데 백성들이 자기 일처럼 생각하고 달려와 즐겁게 일한다는 이야기다. 리더는 오히려 서두르지 말라는데 따르는 이들이 기꺼이 서둘러 목표를 초과달성하는 것, 예나 지금이나 모든 리더들의 바람이다.
> 프레드릭 테일러는 과학적 관리법을 통한 생산성 제고를 강력하게 주창했다. 반면 메이요 교수는 호손 공장의 실험을 통해 '결국 노동자를 춤추게 해 성과를 향상시킨 것은 강력한 관리 시스템이 아닌 관심'임을 실증적으로 밝혀냈다. 조명 등 공장 환경을 개선하는 것보다 노동자의 성과 향상에 중요 변수로 작용한 것은 명문대 연구진들이 자신들을 대상으로 지속적 관심을 보여준다는 것이었다.

① 물리적 측면의 개선에 의한 효과보다는 종업원들에게 있어 그들이 가지는 심리적인 요소들이 더 중요하다.

② 사회적 능률관을 주창하고 있다.

③ 민주적 조직관리·민주적 리더십 및 참여 등을 강조한다.

④ 팀워크를 기반으로 한 협동적 집단주의에 따른 생산성의 향상을 추구한다.

⑤ 기업 조직 내의 공식조직이 비공식조직에 비해 생산성 향상에 있어 주요한 역할을 한다.

50 오늘은 2020년 2월 1일이다. 3월 1일에 보유해야 할 재고액이 650만 원이며, 이번 2월의 판매목표는 500만 원이다. 현재까지 재고는 760만 원이며, 이번 2월에 도달할 주문량은 120만 원이다. 이러한 자료를 기반으로 했을 시에 Open-to-buy는 얼마인지 구하면?

① 150만 원 어치

② 270만 원 어치

③ 330만 원 어치

④ 480만 원 어치

⑤ 510만 원 어치

51 다음 의사결정모형에 관한 내용에서 합리모형에 대한 것으로 가장 부적절한 항목을 고르면?

① 고전적인 합리모형으로 인간과 조직의 합리성, 완전한 지식과 정보의 가용성을 전제하는 모형이다.

② 의사결정자는 문제의 복잡성, 미래상황의 불투명성, 적절한 정보의 부족 등으로 많은 장애 요인을 지니고 있다.

③ 개인적 의사결정 및 조직상의 의사결정을 동일시하지 않는다.

④ 의사결정자의 전지전능성을 전제하고 있다.

⑤ 관련된 기법으로는 선형계획, 기대행렬이론, 게임이론, 비용–편익 분석법 등이 있다.

52 다음은 다국적기업의 국제 로지스틱스 전략에 관한 설명이다. 이 중 가장 옳지 않은 것은 무엇인가?

① 국제조달본부가 범세계적 네트워크를 통해 전 세계적인 공통부품과 현지조달에 의한 고유부품과, 조달방법 간의 균형과 조화를 추진하고 있다.

② 세계적 시각에서 공장입지의 선택, 자원 확보, 운송거점의 설치, 규격의 표준화, 스왑(Swap) 등을 경영전략 상의 최우선 순위로 추진하고 있다.

③ 세계 전체가 생산기지라는 개념 하에 기능분담을 위해 범세계적인 시야에서 생산기지를 통합적으로 관리하고 있다.

④ 국내·외 물류를 통합 운영하면서 모국에서는 전 부품을 생산, 조달하며 현지국에서는 단순유통가공을 통해 판매하는 전략을 수립하고 있다.

⑤ 판매 면에서는 완성품의 국제유통, 완성품 및 서비스부품의 재고, 창고관리, 수·배송 등을 대상으로 국제마케팅의 주요 전략으로 로지스틱스 운영을 하고 있다.

53 식품의 리드타임이 7일, 점검주기시간이 4일이며, 1일 판매량이 8단위일 경우, 적정주문시점은 언제이며 얼마나 많은 수량을 주문해야 하는가? (단, 현재 제품재고는 55단위이며 95%의 서비스 수준을 유지하기 위한 안전재고는 20단위이다.)

① 주문점 : 80, 주문수량 : 25

② 주문점 : 90, 주문수량 : 35

③ 주문점 : 100, 주문수량 : 45

④ 주문점 : 110, 주문수량 : 55

⑤ 주문점 : 120, 주문수량 : 65

54 소매업체들의 경영 및 영업성과에 대한 측정을 위해 소위 말하는 "전략적 수익모델"을 활용할 수 있다. 전략적 수익모델에서 활용되는 항목이 아래와 같을 시에 재고회전율을 구하면?

- 총비용 : 20,000
- 순이익 : 50,000
- 순매출액 : 240,000
- 평균상품재고액 : 80,000

① 2.7　　　　　　② 3

③ 4.6　　　　　　④ 5.1

⑤ 7

55 아래의 내용을 읽고 이와 가장 관련성이 높은 것을 고르면?

소매업체들은 고객과의 접촉과 커뮤니케이션을 향상시키기 위해 구매담당자로 하여금 자신들이 매입한 상품을 판매하는 부서에서 함께 일해 보도록 한다. 이런 직접접촉을 통한 의사소통은 점포와 고객욕구에 대한 생생한 의견을 얻을 수 있다. 뿐만 아니라 구매담당자가 매출패턴의 검토, 프로모션의 기획, 재고관리, 그리고 상품의 새로운 출처를 모색하기 위한 시간을 절감시켜 준다.

① 현장순회지도(Coaching By Wandering Around)

② 진실의 순간(Moment Of Truth)

③ 목표설정에 의한 관리(Management By Objectives)

④ 고객관계관리(Customer Relationship Management)

⑤ 그린 마케팅(Green Marketing)

56 많은 소비자들은 살아가면서 제품을 소비하게 되는데 소비자가 마음속으로 이 정도까지는 지불할 수도 있다고 생각하는 가장 높은 수준의 가격"을 의미하는 것은?

① 기대가격(expected price)

② 한계가격(marginal price)

③ 준거가격(reference price)

④ 묶음가격(price bundling)

⑤ 유보가격(reservation price)

57 서비스는 물질적 재화를 생산하는 노동과정 밖에서 기능하는 노동을 광범위하게 포괄하는 개념으로써 활용되고 있는데 다음 서비스의 특성에 관한 설명 중 가장 바르지 않은 것을 고르면?

① 무형성으로 인해 인간의 감각만으로는 서비스 구매의사결정을 하기는 쉽지 않다.

② 분리성은 서비스의 경우 생산과 소비가 각각 분리되기 때문에 서비스를 판매하거나 서비스를 수행하는 과정이 다르게 이루어지는 것을 의미한다.

③ 비분리성은 서비스를 판매하거나 서비스를 수행하는 이들로부터 분리하기 어렵다는 것을 의미한다.

④ 품질 가변성은 서비스 공급이 노동집약적이기 때문에 구매할 때마다 품질이 다르며, 심지어 동일한 공급자에게 구매하는 경우에도 품질이 상이한 것을 의미한다.

⑤ 서비스는 서비스의 생산이 시간요소에 기초하고 저장이 어렵기 때문에 소멸 가능성이 매우 높다.

58 아래의 내용을 읽고 이에 해당하는 소매업체의 고객세분화 요건을 차례대로 바르게 나열한 것은 무엇인가?

> ㉠ 독신남이 매력적인 시장으로 발견되었다. 그러나 그들의 거주지를 알기 어렵다.
> ㉡ 미혼여성과 기혼여성은 향수에 대하여 다르게 반응한다.

① 측정가능성 – 활동가능성

② 규모적정성 – 활동가능성

③ 접근가능성 – 차별화가능성

④ 접근가능성 – 활동가능성

⑤ 측정가능성 – 차별화가능성

59 일반적으로 소비자들의 심리적 반응과 소비행동에 착안하여 가격을 설정함으로써 제품에 대한 이미지를 바꾸거나 구매의욕을 높이는 방법을 수요에 기반한 심리적 가격결정방법이라고 하는데 다음 중 이에 관련한 내용으로 가장 옳지 않은 것은?

① 홀짝수가격책정은 소비자가 어떤 가격을 높은 가격 또는 낮은 가격으로 인지하느냐 하는 사실에 기초를 둔다.

② 명성가격책정은 소비자들은 가격을 품질이나 지위의 상징으로 여기므로 명품 같은 경우 가격이 예상되는 범위 아래로 낮추어지면 오히려 수요가 감소할 수 있다는 사실에 기반을 둔 것이다.

③ 비선형가격설정은 일반적으로 대량구매자가 소량구매자에 비해 가격탄력적이라는 사실에 기반하여 소비자에게 대량구매에 따른 할인을 기대하도록 하여 구매량을 증가시키고자 하는 것이다.

④ 손실유도가격결정은 특정 품목의 가격을 인하하면 그 품목의 수익성은 악화될 수 있지만, 보다 많은 고객을 유인하고자 할 때 사용한다.

⑤ 상층흡수가격정책은 시장이 성장기에 있을 때 시장의 상층계층을 목표로 상품에 고가격을 설정함으로써 시장의 경쟁과 마찰을 피하면서 높은 수익을 얻고자 하는 가격정책이다.

60 (주) 우단에서는 검사용 시약을 새로 개발하여 생산 및 판매하고 있는데, 이 시약을 개발하는 데 들어간 고정(투자)비는 총 2억 원이다. 또한 (주) 우단에서는 이 시약의 판매가격을 5만 원으로 책정하였으며, 단위당 생산원가는 3만 원이다. (주) 우단에서는 해당 시약을 통해 1억 원의 이익을 목표로 하고 있다. (주) 우단에서의 1인당 인건비는 250만 원이라 했을 시에 목표판매량은 얼마인가?

① 10,000개

② 15,000개

③ 18,000개

④ 20,000개

⑤ 27,000개

61 소비자들이 구매를 결정하게 되는 과정은 소비자의 니즈, 즉 필요성 인식단계, 정보수집단계, 대안평가단계, 구매행동단계, 구매 후 행동단계(구매 후 과정)로 나눌 수 있는데 아래의 내용은 구매 후 행동단계(구매 후 과정)에 대한 설명이다. 이 중 가장 옳지 않은 것은 무엇인가?

① 불만족한 소비자는 재구매 의도의 감소뿐만 아니라 다양한 불평행동을 보이며, 소비자들은 자신의 불평행동으로부터 기대되는 이익과 비용을 고려하여 불평행동 유형을 결정한다.

② 귀인이론은 구매 후 소비자가 불만족의 원인을 추적하는 데 도움이 되며, 원인이 일시적이고 기업의 통제가 불가능하거나 기업의 잘못이라고 소비자가 생각할수록 더 불만족할 가능성이 높다.

③ 제품처분은 소비자들의 처분과 관련된 의사결정이 향후의 제품구매 의사결정에 영향을 주기 때문에 중요하며, 나아가 제품처분 관련 행동은 자원 재활용 측면에서도 중요하다.

④ 구매 후 부조화는 소비자가 구매 이후 느낄 수 있는 심리적 불편함을 말하며, 구매결정을 취소할 수 없을 때 발생할 가능성이 높다.

⑤ 기대불일치모형에 의하면, 만족과 불만족은 소비자가 제품사용 후에 내린 평가가 기대 이상이냐 혹은 기대 미만이냐에 따라 결정된다.

62 다음 중 마케팅 담당자가 직면하는 수요의 상황과 그 개념이 가장 바르게 기술된 것을 고르면?

① 부정적 수요는 소비자들이 그 제품을 알지 못하거나 무관심한 상태를 의미한다.

② 잠재수요는 소비자들이 시장에 나와 있는 모든 제품을 적절하게 구입하고자 하는 상태를 의미한다.

③ 감소수요는 소비자들이 간혹 그 제품을 구입하거나 전혀 구입하지 않는 상태를 의미한다.

④ 불건전 수요는 소비자의 구매가 계절별·월별·주별·일별·시간대별로 변화하는 수요를 의미한다.

⑤ 초과수요는 소비자들이 현존 제품으로 만족할 수 없는 강한 욕구를 갖고 있는 상태를 의미한다.

63 아래에 제시된 내용 중 중앙집권적 소매조직에 해당하는 설명으로 옳은 것을 모두 고르면?

> ㉠ 소매의사결정 권한이 본사의 관리자에게 위임되어 있다.
> ㉡ 경상비가 줄어드는 장점이 있다.
> ㉢ 공급업체로부터 저가에 제품을 공급받을 수 있다.
> ㉣ 지역시장의 취향에 맞는 상품조정 능력이 탁월하다.
> ㉤ 지역적 경쟁대응능력이 뛰어나다.
> ㉥ 규모의 경제를 실현할 가능성이 높다.
> ㉦ 고객에게 언제 어디서나 동일한 일체감을 줄 수 있으므로 신뢰성을 높일 수 있다.

① 가, 나, 다, 라

② 가, 나, 다, 바, 사

③ 가, 나, 다, 라, 마

④ 나, 다, 라, 마, 사

⑤ 다, 라, 마, 바, 사

64 일반적으로 단품관리는 발주에서 시작되어지는데 다음 중 발주에 대한 내용으로 가장 올바르지 않은 것은?

① 발주는 고객이 원하는 상품을 제때 필요한 양만큼 갖추어 품절이 발생되지 않도록 하는 활동을 의미한다.

② 발주를 잘하려면 자기 점포, 경쟁점포, 고객 등에 대한 정보가 있어야 어떤 상품을 얼마만큼 언제 발주할 것인지 결정할 수 있다.

③ 발주행동은 점포 이미지에 커다란 영향을 미치며 점내의 작업 능률까지 좌우하므로 발주행동에 신중하여야 한다.

④ 발주방식은 크게 정량 발주방식과 정기 발주방식으로 나뉘는데 냉동건조식품이나 통조림류는 정량 발주방식이, 고기나 생식류는 정기 발주방식이 적당하다.

⑤ 매입처를 고정적인 것으로 생각하고 고정화된 발주를 하는 것이 과소발주나 과대발주를 막는 최선의 방법이다.

65 포지셔닝은 소비자의 마음속에 자사제품이나 기업을 표적시장·경쟁·기업 능력과 관련하여 가장 유리한 포지션에 있도록 노력하는 과정을 의미하는데, 다음 포지셔닝의 유형과 그에 따른 설명으로 가장 거리가 먼 것을 고르면?

① 효익 포지셔닝이란 제품이나 점포의 외형적 속성이나 특징으로 소비자에게 차별화를 부여하는 것을 말한다.

② 이미지 포지셔닝이란 고급성이나 독특성처럼 제품이나 점포가 지니고 있는 추상적인 편익으로 소구하는 방법을 말한다.

③ 사용상황 포지셔닝이란 제품이나 점포의 적절한 사용상황을 묘사하거나 제시함으로써 소비자에게 부각시키는 방식이다.

④ 경쟁제품 포지셔닝은 소비자의 지각 속에 위치하고 있는 경쟁사와 명시적 혹은 묵시적으로 비교하게 하여 자사 제품이나 점포를 부각시키는 방식이다.

⑤ 품질 및 가격 포지셔닝은 제품 및 점포를 일정한 품질과 가격수준으로 포지셔닝하여 최저가격 홈쇼핑이나 고급전문점과 같이 차별적 위치를 확보하는 방식이다.

66 아래의 글을 읽고 이 내용이 설명하고 있는 것을 고르면?

> 이것은 기업의 조직에서 관리자가 권력을 지니는 것은 그가 많은 잠재적 보상능력(호의적인 인사고과, 인정, 급여인상, 승진, 호의적인 업무할당 및 책임부여, 격려 등)을 지니고 있기 때문이다. 하지만 호의적인 업무나 또는 조직 내 중요한 책임할당의 경우에, 수임자가 이러한 무거운 책임감을 부담스러워 하든가 불안해한다면 그것은 보상이라고 볼 수 없다.

① 강압적 권력
② 전문적 권력
③ 준거적 권력
④ 합법적 권력
⑤ 보상적 권력

67 제품의 라이프사이클이 점점 짧아지고 제조기술 등이 급변함에 따라 급증하고 있는 간접비를 합리적인 기준으로 직접비로 전환하는 것으로 투입자원이 제품이나 서비스 등으로 변화하는 과정을 명확하게 밝혀 제품 또는 서비스의 원가를 계산하는 방식을 무엇이라고 하는가?

① Gross Margin Return On Labor
② Gross Margin Return On Selling area
③ Direct Product Profitability
④ Gross Margin Return On Inventory investment
⑤ Activity Based Costing

68 다음 중 개방적 유통전략에 해당하는 내용들로만 바르게 짝지어진 것은?

> ㉠ 경로구성원과의 긴밀한 관계를 더욱 강화할 수 있는 전략
> ㉡ 특정 점포에 특정 제품을 제공하는 전략
> ㉢ 제품이 가능한 한 많은 소매점에서 취급되는 전략
> ㉣ 제품의 독특함, 희소성, 선택성 등의 이미지를 부여하고자 할 때 구사하는 전략
> ㉤ 제품과 연관된 배타성과 유일한 이미지를 더욱 효과적으로 부각할 수 있는 전략

① ㉠, ㉡
② ㉡
③ ㉢
④ ㉢, ㉣
⑤ ㉤

69 다음 중 기능별 조직의 설명으로 가장 거리가 먼 것은?

① 모든 조직구조 형성의 기본요소가 되며 더불어 모든 조직의 기준이 되고 있다.
② 전체조직을 인사·생산·재무·회계·마케팅 등의 경영기능을 중심으로 부문화하고 있는 형태를 띠고 있다.
③ 부서별로 분업이 이루어짐에 따라 전문화를 촉진시켜 능률을 향상시킨다.
④ 이러한 형태는 주로 많은 종류의 제품이나 서비스를 생산 및 판매하는 대규모 기업에서 선호된다.
⑤ 규모가 확대되어 구조가 복잡해지면 기업전체의 의사결정이 지연되고, 기업전반의 효율적인 통제가 어려워지는 문제점이 있다.

70 다음 중 아래 그림과 같은 조직에 관한 설명으로 바르지 않은 것을 고르면?

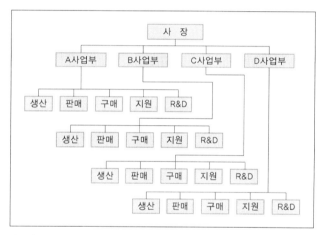

① 각 사업부별로 독립된 경영을 하도록 하는 조직구조를 취하고 있다.
② 이러한 조직형태로 인해 최고경영층은 일상적인 업무결정에서 해방되어 기업전체의 전략적 결정에 몰두할 수 있다는 이점이 있다.
③ 의사결정에 대한 책임이 일원화되고 명확해진다.
④ 각 사업단위는 자기 단위의 이익만을 생각한 나머지 기업전체적으로는 손해를 미치는 부문이기주의적 경향을 띠게 된다.
⑤ 사업부내에 관리 및 기술 등의 스탭을 갖게 되지 못하므로 합리적인 정보수집 및 분석을 할 수 없다는 문제점이 있다.

71 기업 조직의 상하 구성원들이 서로의 참여 과정을 통해 기업 조직 단위와 구성원의 목표를 명확하게 설정하고, 그로 인한 생산 활동을 수행하도록 한 뒤, 업적을 측정 및 평가함으로써 조직 관리에 있어서의 효율화를 기하려는 일종의 포괄적인 조직관리 체제를 의미한다. 또한 이 방식은 종합적인 조직운영 기법으로 활용될 뿐만 아니라, 근무성적평정 수단으로, 더 나아가 예산 운영 및 재정 관리의 수단으로 다양하게 활용되고 있는 방식인데, 이를 무엇이라고 하는가?

① X이론
② 목표에 의한 관리
③ Y이론
④ 자기통제
⑤ 문제해결

72 통상적으로 보면 재고관리는 능률적이면서 지속적인 생산 활동을 위해 필요한 원재료·반제품·제품 등의 최적보유량을 계획·조직·통제하는 기능을 의미하는데, 다음 중 재고관리에 대한 설명으로 가장 올바르지 않은 것은?

① 과소재고에 비해 과다재고는 대량발주로 주문비용을 절감할 수 있겠지만, 재고회전율이 저하되고 보관비용이 증가한다.
② 과다재고에 비해 과소재고는 재고수량관리 측면에서 용이해지지만 서비스율이 낮아진다는 위험이 있다.
③ 계절적인 원인으로 수요가 변동되거나 공급이 특정시기에 집중되는 상품의 경우 안정성을 유지하기 위한 재고의 저장이 필요하다.
④ 재고를 보유하고자 하는 이유 중의 하나는 규모의 경제를 추구할 수 있기 때문이다.
⑤ 재고관리의 목표는 재고유지비용의 절감보다는 고객서비스 향상에 중점을 두는 것이다.

73 물류는 생산된 제품을 수송·하역·보관·포장하는 과정과 유통가공이나 수송 기초시설 등의 물자유통 과정을 모두 포함하는 것을 의미하는데 아래의 내용을 읽고 괄호 안에 들어갈 말로 가장 적합한 것을 고르면?

( )에서 중점을 두어야 할 것으로는 사내 파렛트 풀 결성 등 물류 단위화, 포장의 모듈화·간이화·기계화, 하역의 기계화·자동화 등이 있으며, 합리화 과제로는 물류센터의 입지와 규모의 결정, 적정 서비스 수준과 적정재고의 유지, 수배송 정책의 결정 등이 있다.

① 폐기물류
② 조달물류
③ 역물류
④ 판매물류
⑤ 생산물류

74 아래 내용과 같은 관리기법을 활용함에 있어 나타날 수 있는 한계점으로 가장 옳지 않은 것은 무엇인가?

종업원이 직속상사와 협의하여 작업 목표량을 결정하고, 이에 대한 성과를 부하와 상사가 함께 측정하고 또 고과하는 방법이다. 다시 말해, 조직의 종업원에게 구체적이면서도 도전감을 표출하게끔 하고, 상사하고의 협의에 의해 목표가 수립되며 지속적인 피드백이 가능한 목표를 기반으로 조직의 성과와 더불어 종업원 개인의 만족도를 동시에 향상시키는 현대적 경영관리 기법이라 할 수 있다.

① 장기적인 목표를 강조하는 경향이 있다.
② 부문 간에 과다경쟁이 일어날 수 있다.
③ 계량화할 수 없는 성과가 무시될 수 있다.
④ 신축성 또는 유연성이 결여되기 쉽다.
⑤ 도입 및 실시에 시간, 비용, 노력이 많이 든다.

75 공급자주도형 재고관리(VMI : vender managed inventory)는 유통업체와 공급업체가 동일한 POS(point of sales) 자료를 보면서 공급업체가 주도적으로 유통업체의 재고를 관리하는 방법을 의미한다. 다음 중 VMI를 수행함으로써 얻을 수 있는 장점이 아닌 것은?

① 고객의 요구에 대해 보다 빠르게 대응할 수 있는 신속대응(QR : quick response)이 가능해져 고객만족을 증가시킬 수 있다.

② 재고에 관련되는 비용을 감소시킬 수 있고, 업무의 비효율성을 감소시킬 수 있어 원가우위의 효익을 얻을 수 있다.

③ 고객을 세분화시켜 상황에 맞는 차별화된 서비스와 제품을 제공할 수 있는 전략적 우위를 제공할 수 있다.

④ 발주업무를 생략할 수 있어 주문비용을 감소시키면서 효율적 재고운영이 가능하다.

⑤ 기존보다 정확한 판매정보를 활용하여 매출기회가 증가하고 상품조달비용을 절감할 수 있다.

76 1학기 개강을 보름 앞두고 예비 대학생인 은영이는 서울에서 부산까지 기차여행을 하기로 마음을 먹고 인터넷을 활용하여 예매를 하려고 한다. 이 때 아래의 자료를 참조하여 은영이가 선택하게 될 기차 편으로 옳은 것은? (조건 1 : 시간 및 금전적인 여유는 충분함, 조건 2 : 보완적 선택방식으로 기차 편을 선택)

평가기준	중요도	기차에 대한 평가				
		KTX 산천	새마을호	ITX 청춘	무궁화호	비둘기호
경제성	40	8	3	6	5	8
기계성능	30	5	3	7	5	2
디자인	20	5	5	6	5	1
승차감	10	3	7	5	5	2

① KTX 산천

② 새마을호

③ ITX−청춘

④ 무궁화호

⑤ 비둘기호

77 기업이 보유하고 있는 지적자산은 형식지와 암묵지로 구분해 볼 수 있는데, 다음 설명 중 가장 옳지 않은 것을 고르면?

① 형식지란 문서화되어 있고, 보존이 가능하고, 성문화 할 수 있는 것들을 말한다.

② 특허권, 상표, 사업계획, 시장조사, 고객목록 등이 형식지에 해당된다.

③ 도제 장인의 솜씨는 암묵지에 해당한다.

④ 사람들 머릿속에 있는 지식을 인식하고, 생성하고, 공유하고, 관리하는데 있어 암묵지에서 암묵지로 이동을 할 수 있도록 구현된 시스템을 지식 경영시스템(KMS)이라 한다.

⑤ 제품별 운송 시 주의사항과 지침은 형식지에 속한다.

78 아래 그림과 같이 통상적으로 하나의 차량에 다양한 화물을 혼적하여 운송해서 운송의 대형화 및 순회배송으로 배송의 효율성을 향상시키기 위한 형태를 공동 수배송이라 하는데, 다음의 그림을 참조하여 공동수배송에서 나타나는 효과 중 나머지 넷과 다른 하나는 무엇인가?

① 영업활동의 효율화

② 수배송 업무의 효율화

③ 유통비용의 절감으로 소비자에게 이익 환원

④ 차량 및 시설투자 증가의 억제

⑤ 교통량의 감소에 따른 환경보전

79 인터넷 쇼핑과 TV 홈쇼핑 등 전자상거래가 크게 증가하고, GPS 등 물류환경의 급속한 변화에 따라 소화물 일관운송이 크게 증가하고 있는데 다음 중 소화물 일관운송의 등장 배경으로 가장 바르지 않은 설명은 무엇인가?

① 과거 산업사회에서는 상품의 다품종 소량생산 시스템이 지배적이었으나 오늘날의 정보화 사회에서는 소비자의 세분화된 욕구를 반영하여 소품종 대량생산 시스템으로의 전환이 이루어지고 있다.

② 컴퓨터와 정보기술의 발전으로 전자상거래(B2C)가 확산되고 TV 홈쇼핑이 활성화되고 있다.

③ 오늘날의 기업들은 비용절감을 위한 최후의 보루로서 제3의 이익원으로 불리는 물류비용의 절감을 위해 물류부문에서의 적극적인 합리화를 추진하고 있다.

④ 소비자 욕구의 다양화, 고급화 및 편의화 추세에 의한 물류환경의 변화도 소화물 일관운송의 중요한 배경이 된다.

⑤ 핵가족화가 진전되고 소비자의 욕구가 다양화됨에 따라 상품의 주문이 다빈도 소량주문 형태로 변화하였다.

80 소비자 관여도는 소비자가 제품을 구매할 때 기울이는 노력 또는 개입의 정도를 나타내는 것으로, 소비자 특성, 제품 특성, 상황특성에 의해 영향을 받게 되는데, 다음 중 저관여 제품에 관한 사항으로 가장 거리가 먼 것을 고르면?

① 구매 중요도가 낮고 값도 저렴하며, 상표 사이의 차이가 별로 없으며 잘못 구매했을 때 위험이 적은 제품이다.

② 외적 정보의 탐색 없이 제한된 내적 정보에 의존하거나, 과거의 경험·기억에 의존한 구매가 이루어지고 충동 구매하는 경우도 많다.

③ 광고의 노출빈도는 적게, 도달범위는 넓게 하는 것이 효과적이고, 대량광고가 중요하며, 소매점의 위치가 상당히 중요하다.

④ 일반적인 소비자 구매 의사결정과는 달리 구매행동 후에 태도가 형성된다.

⑤ 도달범위는 좁게 하는 것이 효과적이고, 인적판매와 함께 제품의 품질향상에 신경을 써야 한다.

서 원 각

www.goseowon.co.kr

한국관광공사

필기시험 모의고사

- 일반직5급 -

정답 및 해설

》 직업기초능력평가

1 ⑤

VOC로 인해 환자 측의 불편사항 등을 접수하여 성공적으로 반영해 좋은 결과가 나오게 되면 병원은 그들과의 관계유지를 더욱 더 돈독히 할 수 있게 된다.

2 ①

"김춘수는 세계에 대한 허무감에서 끝내 벗어날 수 없었던 자신과 달리"에서 보듯이 김춘수는 언어유희를 활용하여 세계에 대한 허무 의식을 끝내 극복하지 못했음을 알 수 있다.

3 ④

무어는 옳은 행동을 판별할 기준을 제시할 수 없다고 보는 것이 아닌 선을 최대로 산출하는 행동이 도덕적으로 옳은 행동이라고 보았다고 말하고 있다.

4 ②

"컨스터블의 그림은 당시 풍경화의 주요 구매자였던 영국 귀향의 취향에서 어긋나 그다지 인기를 끌지 못했다. 당시 유행하던 픽처레스크 풍경화는 도식적이고 이상화된 풍경 묘사에 치중했지만, 컨스터블의 그림은 평범한 시골의 전원 풍경을 사실적으로 묘사한 것처럼 보인다"에서 알 수 있듯이 사실적 화풍으로 제작되어 당시 영국 귀족들에게 선호되지 못했다는 것을 유추할 수 있다.

5 ②

전통적인 진리관에서 진술의 내용이 사실과 일치할 때 진리라고 본다. "비록 경험을 통해 얻은 과학적 지식이라 하더라도 그것이 진리인지의 여부는 확인할 수 없다는 것이 흄의 입장이다"라는 내용을 통해 보았을 때 전통적 진리관에서 진술 내용과 사실이 일치할 경우를 진리로 본다는 것을 알 수 있다. 진리 여부를 판단하는 것이 불가능하다고 본 입장은 전통적 진리관이 아닌 흄의 입장에 해당한다.

6 ①

ⓛ 기술혁신으로 고품질 A의 가격이 하락한다는 것은 좋은 제품을 저가에 구입할 수 있다는 의미이므로 소비자의 효용은 매우 클 것이다. 그러므로 사회적 후생이 감소한다고 할 수 없다.

ⓒ 소비자가 B의 가격에 대해 민감하게 반응하지 않는다는 것은 시장상황의 변화에 상관없이 B를 구입한다는 뜻이다. 따라서 B의 기능을 탑재한 C가 출시된 이후에도 B는 시장에 존재할 것이다. 이 경우 사회적 후생이 감소할 가능성은 높아지지 않는다.

7 ④

모네는 인상주의 화가로서 대상의 고유한 색은 존재하지 않는다고 생각했다. 그러므로 모네가 고유한 색을 표현하려 했다는 진술은 적절하지 않다.

8 ①

② 대상에 대해 복잡한 형태로 추상화하여 대상에 대한 전체적인 느낌을 부각하는 방법을 시도한 것은 세잔의 화풍이 아니므로 적절하지 않다.

③ 사물에 대해 최대한 정확히 묘사하기 위해 전통적 원근법을 독창적 방식으로 변용한 것은 세잔의 화풍이 아니므로 이 역시 적절하지 않다.

④ 시시각각 달라지는 자연을 관찰 및 분석해 대상에 대한 인상을 그려 내는 화풍을 정립한 것은 세잔이 아니므로 적절하지 않다.

⑤ 지각되는 세계를 있는 그대로 표현하기 위해 사물을 해체하여 이를 재구성하는 기법을 창안한 사람은 세잔이 아니므로 이 역시 적절하지 않다.

9 ②

지문에서는 조세 부과 시 고려해야 하는 요건인 효율성 및 공평성을 제시하고 공평성을 편익 원칙 및 능력 원칙으로 구분하고 다시 능력 원칙을 수직적 공평 및 수평적 공평으로 구분하여 설명하고 있다.
① 두 입장에 대한 절충은 나타나 있지 않다.
③ 대상을 유사한 대상에 빗대어 소개하고 있지 않다.
④ 통념을 반박하고 있지도 않으며, 속성에 새롭게 조명하고 있지 않다.
⑤ 시간의 흐름에 의해 대상이 발달하는 과정을 서술하고 있지 않다.

10 ③

소득 재분배 효과는 능력 원칙 즉 공평성을 확보하였을 때 얻을 수 있는 것이지 효율성을 통해서 얻을 수 있는 것이 아니다. 그러므로 효율성은 공평성과 달리 소득 재분배를 목적으로 한다고 할 수 없다.

11 ⑤

A, B, C, D를 방정식으로 나타내면 다음과 같이 표현할 수 있다.

A + B = 40 ······ (a)
A + C = 48 ······ (b)
C + D = 20 ······ (c)
B + D = 12 ······ (d)

㉠을 보면, 신약을 투여 받은 사람 중 호전된 사람의 비율은 $\frac{A}{40}$이다. D의 변화에 따른 $\frac{A}{40}$의 변화를 살펴보아야 하므로 위의 방정식을 이용하여, $\frac{A}{40}$에서 A를 D로 변경시켜야 한다.

(a)에서 (d)를 빼면 A=D+28이 된다. 이를 $\frac{A}{40}$에 넣으면 $\frac{D+28}{40}$이다. 따라서 D가 클수록 호전된 비율이 커진다.

㉡에서 A와 C의 차이를 k라고 정의하면 A-C=k가 될 수 있다. 신약을 투여 받은 사람 중 호전된 사람의 비율은 역시 $\frac{A}{40}$이다. $\frac{A}{40}$를 k에 대한 식으로 나타내기 위해서 A-C=k 라는 식과 위의 방정식 중 A+C=48

이라는 식을 연립하면 2A=48+k가 되어, A=$24+\frac{k}{2}$이 된다. 따라서 호전된 사람의 비율은 $\frac{24+\frac{k}{2}}{40}$가 된다. 그러므로 A와 C의 차이인 k가 작을수록 신약을 투여 받은 사람 중 호전된 사람의 비율이 작아진다.

㉢에서 A:B가 4:1이면 A+B=40이므로 A는 32, B는 8이 된다. 따라서 C는 16, D는 4가 되어 비율은 4:1이 되며 신약에 의한 효과의 비율과 위약에 의한 효과의 비율이 같아진다.

12 ①

해당 전동차가 플랫폼으로부터 완전하게 벗어날 때의 속도 및 전동차가 플랫폼에 진입하여 빠져나갈 때까지의 속도가 동일하므로 속력=거리/시간에 의해, 전동차의 길이를 x라 하면,

$\frac{150+x}{16} = \frac{x}{8}$, $16x = 8(150+x)$, $2x = 150+x$가

되므로, $x = 150(m)$가 된다.

13 ②

나머지 1명의 점수를 x라 할 경우에 계산하면 다음과 같다.

$x = \frac{630+(84\times2)}{11}+16$, $x = 88.5$

그러므로 학생 12명의 평균점수는

$\frac{630+168+88.5}{12} = 73.875$이므로 74점이 된다.

14 ①

원모와 연철 두 사람은 매분 150m(80m+70m)씩 가까워진다. 그러므로 3,000/150=20분 후에 만나게 된다.

15 ③

3%의 소금물 800g에 녹아 있는 소금의 양을 x라 하면,

$\dfrac{x}{800} \times 100 = 3$, $100x = 800 \times 3$, $x = 24$

5%의 소금물을 만들기 위해 증발시켜야 하는 물의 양을 y라 하면,

$\dfrac{24}{800 - y} \times 100 = 5$, $\dfrac{24}{800 - y} = 0.05$

$800 - y = 480$, $y = 320(g)$

16 ③

주어진 표는 2017년 및 2018년 상반기 동기간 동안의 5대 범죄 발생을 분석한 것이다. 약간의 차이는 있으나 전반적으로 보면 2017년에는 1,211건, 이에 대비 2018년에는 발생 범죄가 934건으로 감소됨을 알 수 있다. 그러므로 범죄다발지역에 대해 치안 담당자들이 해당 지역에 대한 정보를 공유하여 범죄의 발생 및 검거에 치안역량을 집중했음을 알 수 있다.

17 ②

단리 이율 계산 방식은 원금에만 이자가 붙는 방식으로 원금은 변동이 없으므로 매년 이자액이 동일하다. 반면, 복리 이율 방식은 '원금+이자'에 이자가 붙는 방식으로 매년 이자가 붙어야 할 금액이 불어나 갈수록 원리금이 커지게 된다. 작년에 가입한 상품의 만기 시 원리금은 3,000,000+(3,000,000×0.023×3) = 3,000,000+207,000 = 3,207,000원이 된다. 따라서 올해 추가로 가입하는 적금 상품의 만기 시 원리금이 2,093,000원 이상이어야 한다. 이것은 곧 다음과 같은 공식이 성립하게 됨을 알 수 있다. 추가 적금 상품의 이자율을 A%, 이를 100으로 나눈 값을 x라 하면, $2,000,000 \times (1+x)^2 \geq 2,093,000$이 된다. 주어진 보기의 값을 대입해 보면, 이자율이 2.3%일 때 x가 0.023이 되어 $2,000,000 \times 1.023 \times 1.023 = 2,093,058$이 된다. 따라서 올해 추가로 가입하는 적금 상품의 이자율(연리)은 적어도 2.3%가 되어야 만기 시 두 상품의 원리금 합계가 530만 원 이상이 될 수 있다.

18 ①

- 전년 대비 고등교육비 증감량이 가장 작은 연도 : 2008년(증감량 0)
- 2008년의 중등교육비 대비 2009년의 중등교육비의 증가량 : 9(만 원)

19 ③

총 학생의 평균 독서량은 을의 독서량의 3배이므로 2×3=6권이 된다.

갑의 독서량을 x라 하면,

$\dfrac{x+2+6+4+8+10}{6} = 6$, 그러므로 $x = 6$(권)

갑의 독서량이 전체에서 차지하는 비율 :

$\dfrac{6}{6+2+6+4+8+10} \times 100 \fallingdotseq 16.7\%$

20 ③

위의 주어진 조건을 기반으로 각 비용을 구하면 다음과 같다.

- 우진이와 여자 친구의 프리미엄 고속버스 비용 =37,000원×2(명)×2(왕복)=148,000원
- 조카 2(여 : 50%를 할인 받음)의 운임 =37,800원×50%×2(왕복)=37,000원
- 조카 1은 하행인 경우 우진이의 무릎에 앉아가고, 상행인 경우에 좌석을 지정해서 가는 것이므로 이는 편도에 해당한다.
  조카 1(남 : 75% 할인 받음)의 운임 =하행선 무료+37,000원×(100−75%)=9,250원

그러므로 148,000원+37,000원+9,250원=194,250원이 된다.

21 ④

㉠ A는 낭포성 유전자를 지니고 있는 '쥐'를 이용한 실험을 통해 낭포성 유전자를 가진 '사람' 역시 콜레라로부터 보호 받을 것이라는 결론을 내렸다. 이는 쥐에서 나타나는 질병 양상은 사람에게도 유사하게 적용된다는 것을 전제로 한다.

㉢ A는 실험에서 '콜레라 균'에 감염을 시키는 대신에 '콜레라 독소'를 주입하였다. 이는 콜레라 독소의 주입이 콜레라균에 의한 감염과 같은 증상을 유발함을 전제로 한다.

㉡ 만약 낭포성 섬유증 유전자를 가진 모든 사람이 낭포섬 섬유증으로 인하여 청년기 전에 사망한다면 '살아남았다'고 할 수 없을 것이다. 따라서 '낭포성 섬유증 유전자를 가진 모든 사람이 이로 인하여 청년기 전에 사망하는 것은 아니다'라는 전제가 필요하다.

22 ④

현수막을 제작하기 위해서는 라, 다, 마가 선행되어야 한다. 따라서 세미나 기본계획 수립(2일)＋세미나 발표자 선정(1일)＋세미나 장소 선정(3일)＝최소한 6일이 소요된다.

23 ②

각 작업에 걸리는 시간을 모두 더하면 총 11일이다.

24 ⑤

주어진 조건을 보면 관리과와 재무과에는 반드시 각각 5급이 1명씩 배정되고, 총무과에는 6급 2명이 배정된다. 인원 수를 따져보면 홍보과에는 5급을 배정할 수 없기 때문에 6급이 2명 배정된다. 6급 4명 중에 C와 D는 총무과에 배정되므로 홍보과에 배정되는 사람은 E와 F이다.

25 ②

• S=Substitute : 기존의 것을 다른 것으로 대체해 보라

• C=Combine : A와 B를 합쳐 보라

• A=Adapt : 다른 데 적용해 보라

• M=Modify, Minify, Magnify : 변경, 축소, 확대해 보라

• P=Put to other uses : 다른 용도로 써 보라

• E=Eliminate : 제거해 보라

• R=Reverse, Rearrange : 거꾸로 또는 재배치해 보라

26 ①

甲~戊가 먹은 사탕을 정리하면 다음과 같다.

구분	甲	乙	丙	丁	戊
맛	사과+딸기	사과	포도 or 딸기	포도 or 딸기	포도
개수	2개	1개	1개	1개	1개

27 ④

가 팀, 다 팀을 연결하는 방법은 2가지가 있는데,
㉠ 가 팀과 나 팀, 나 팀과 다 팀 연결 : 3＋1＝4시간
㉡ 가 팀과 다 팀 연결 : 6시간
즉, 1안이 더 적게 걸리므로 4시간이 답이 된다.

28 ②

다 팀, 마 팀을 연결하는 방법은 2가지가 있는데,
㉠ 다 팀과 라 팀, 라 팀과 마 팀 연결 : 3＋1＝4시간
㉡ 다 팀과 마 팀 연결 : 2시간
즉, 2안이 더 적게 걸리므로 2시간이 답이 된다.

29 ⑤

디젤 발전은 내연력을 통한 발전이므로 친환경과 지속가능한 에너지 정책을 위한 발전 형태로 볼 수 없다. 오히려 디젤 발전을 줄여 신재생에너지원을 활용한 전력 생산 및 공급 방식이 에너지 신산업 정책에 부합한다고 볼 수 있다.

30 ③

탐색형 문제는 현재의 상황을 개선하거나 효율을 높이기 위한 문제로, 방치할 경우 큰 손실이 따르거나 해결할 수 없는 문제로 나타나게 된다.

31 ③

인천에서 모스크바까지 8시간이 걸리고, 6시간이 인천이 더 빠르므로
09 : 00시 출발 비행기를 타면 9+(8-6)=11시 도착
19 : 00시 출발 비행기를 타면 19+(8-6)=21시 도착
02 : 00시 출발 비행기를 타면 2+(8-6)=4시 도착

32 ④

완성품 납품 개수는 30+20+30+20으로 총 100개이다. 완성품 1개당 부품 A는 10개가 필요하므로 총 1,000개가 필요하고, B는 300개, C는 500개가 필요하다. 이때 각 부품의 재고 수량에서 부품 A는 500개를 가지고 있으므로 필요한 1,000개에서 가지고 있는 500개를 빼면 500개의 부품을 주문해야 한다. 부품 B는 120개를 가지고 있으므로 필요한 300개에서 가지고 있는 120개를 빼면 180개를 주문해야 하며, 부품 C는 250개를 가지고 있으므로 필요한 500개에서 가지고 있는 250개를 빼면 250개를 주문해야 한다.

33 ③

1번째 기준에 의해 X사는 200억 원의 10%인 20억을 분배받고, Y사는 600억의 10%인 60억을 분배받는다. Y가 분배받은 금액이 총 150억이라고 했으므로 X사가 분배받은 금액은 50억이다. X사가 두 번째 기준에 의해 분배받은 금액은 30억이고, Y사가 두 번째 기준에 의해 분배받은 금액은 90억 원이다. 두 번째 기준은 연구개발비용에 비례하여 분배받은 것이므로 X사의 연구개발비의 3배로 계산하면 300억 원이다.

34 ④

제외건수가 매일 5건씩 감소한다고 했으므로 11일째 되는 날 제외건수가 0이 되고 일별 심사비용은 총 16.5억 원이 된다.

35 ①

(70억−16.5억)/500건=1,070만 원

36 ①

김씨 : (14×5)−(6×3)+(7×10)−(3×5)=107

이씨 : (10×5)−(10×3)+(9×10)−(1×5)=105

정씨 : (18×5)−(2×3)+(4×10)−(6×5)=94(탈락)

37 ④

②③은 사무부가 영상부에 대한 조사보다 나중에 시작될 수 없다는 조건과 모순된다. ①은 영업부에 대한 조사가 홍보부 또는 전산부 중 적어도 어느 한 부서에 대한 조사보다는 먼저 시작되어야 한다는 조건에 모순된다. 따라서 가능한 답은 ④이다.

38 ②

마지막 조건에서 B, C, F 프로젝트 중에 2개만 예산을 늘린다고 하였고 문제에서 C와 F 프로젝트의 예산을 늘린다고 하였으므로 B는 예산을 늘리지 않는다. 그리고 2번째 조건의 대우를 통해 F 프로젝트의 예산을 늘리면 D의 프로젝트의 예산을 늘리지 않는다. 따라서 ②는 반드시 옳다.

39 ④

남성 지원자만을 선발하거나 여성 지원자만을 선발할 수 없으므로 甲, 乙, 丙, 丁 각각 1명 만을 선발할 수는 없고 남성과 여성을 섞어 2명 이상을 선발하여야 한다. 그러나, 추천을 받은 지원자 중에서 1명을 초과하여 선발할 수 없으며 같은 학교 출신 지원자는 1명을 초과하여 선발할 수 없으므로 선발 가능한 경우는 (甲, 丁), (甲, 丙, 丁), (丙, 丁)이다. 따라서 반드시 선발되는 사람은 丁이다.

40 ①

재고수량에 따라 완성품을 A 부품으로는 100/2=50개, B 부품으로는 300/3=100개, C 부품으로는 2,000/20=100개, D 부품으로는 150/1=150개 까지 만들 수 있다. 완성품은 A, B, C, D가 모두 조립되어야 하므로 50개만 만들 수 있다. 완성품 1개당 소요 비용은 완성품 1개당 소요량과 단가의 곱으로 구하면 되므로 A 부품 2×50=100원, B 부품 3×100=300원 C 부품 20×10=200원, D 부품 1×400=400원이다.

이를 모두 합하면 100+300+200+400=1,000원이 된다.

》》직무수행능력평가(경영학)

41 ⑤

물류비 : 200억×0.1 = 20억, 영업이익 : 200억×0.06 =
12억, 이익증가액 : 12억×0.1 = 1억 2천, 물류비 감소 :
$\frac{1억 2천}{20억} \times 100 = 6\%$, 매출액을 증가는 200억 : 12억
= x : 13억 2천이 되기 때문에
∴ 12x = 200×13.2 = 2,640, x는 220억이기 때문에
$\frac{220억 - 200억}{200억} \times 100 = 10\%$ 가 된다.

42 ③

자가물류비=노무비+이자+전기료+가스수도료+재료비
+세금 13,000+250+300+300+3,700+90=17,640만 원
위탁물류비=지불포장비+지급운임+상/하차 용역비+수
수료 80+400+550+90=1,120만 원

43 ①

건물의 1년 감가상각비=$\frac{(320 - 20)}{40}$=7.5백만 원/년

기계장치의 1년 감가상각비=$\frac{(110 - 10)}{10}$=10백만 원/년

∴ 감가상각비=7.5백만 원+10백만 원=17.5백만 원/년

44 ①

재고수준이 낮아지게 되면 적시에 고객들이 필요로
하는 제품의 공급이 어려워지게 되고 이것은 오히려
고객서비스를 감소시키는 결과를 초래하게 된다.

45 ④

위 지문은 PPL에 관한 내용을 설명하고 있다. "하지
만 영화 개봉 후 짜파구리가 주목받으면서 짜파게티
와 너구리 판매가 늘고 있다."에서 보면 알 수 있듯이
비록 농심은 PPL을 하지는 않았지만 영화 속에서 소
비자들로부터 주목을 받은 것이다. 이렇듯 PPL 광고
(product placement advertisement)는 특정 기업의
협찬을 대가로 영화나 드라마에서 해당 기업의 상품
이나 브랜드 이미지를 소도구로 끼워 넣는 광고기법

을 의미하는데 기업 측에서는 화면 속에 자사의 상품
을 배치, 소비자들의 무의식 속에 상품 이미지를 심어
관객들에게 거부감을 주지 않으면서 상품을 자연스럽
게 인지시킬 수 있고, 영화사나 방송사에서는 제작비
를 충당할 수 있다는 장점이 있다.

46 ④

역매입은 경쟁자의 상품을 시장에서 제거하기 위해
경쟁업체의 제품을 사들이는 행위를 의미한다.

47 ②

㉠ 원가는 어떤 특정 목적을 이루기 위해 희생 또는
 포기된 자원을 의미한다.
㉡ 직접원가는 주어진 원가대상과 관련되는 원가로
 해당 원가 대상에 추적 가능한 원가를 의미한다.
㉢ 간접원가는 주어진 원가와 관련되는 원가이지만, 해
 당 원가 대상에 추적할 수 없는 원가를 의미한다.
㉣ 변동원가는 활동 또는 조업도의 총 수준과 연관해
 서 원가 총액이 비례적으로 변동하는 원가를 의미
 한다.

48 ③

A 쇼핑센터에서의 잠재매출액은 아래와 같이 나타난다.
12,000명×200원/명 = 2,400,000원
7×100,000원 = 700,000원
25,000×10원 = 250,000원
거리에서 보이는 경우 : 월 200,000원
∴ 2,400,000원 + 700,000원 + 250,000원 + 200,000원
= 3,550,000원
B 쇼핑센터에서의 잠재매출액은 아래와 같이 나타난다.
15,000명×200원/명 = 3,000,000원
2×100,000원 = 200,000원
20,000×10원 = 200,000원
쇼핑센터 내 대형할인매장이 있으면 : 월 300,000원
∴ 3,000,000원 + 200,000원 + 200,000원 + 300,000원
= 3,700,000원

49 ④

제조업체 (1,2,3)에서 도매상 (1,2)으로 가는 거래의 수 : 6, 도매상 (1, 2)에서 소매상 (1,2,3,4,5,6)으로 가는 거래의 수 : 12, 그러므로 총 거래 수는 18개이며 이를 그림과 같이 표현하면 다음과 같다.

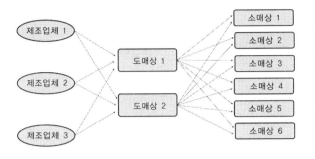

50 ③

위 지문에 제시된 실험을 통해 생산성 향상에 영향을 미치는 요인은 작업환경과 같은 물리적인 요인이나 임금인상 등의 경제적인 요인과 같은 외부적 조건들보다는 종업원의 감정이나 태도, 집단의 분위기가 더 큰 요인으로 작용한다는 것을 알 수 있다.

51 ③

폐쇄형 질문은 고정형 질문이라고도 하며, 응답의 대안을 제시하고 그 중 하나를 선택하게끔 하는 질문방식이다. 다시 말해 객관식 형태의 질문이라고 할 수 있다. 이러한 경우에는 사전에 보기를 주고 그 중에서만 선택할 수 있게 하므로 응답자에게 충분한 자기표현의 기회를 제공해 주기 어렵다.

52 ⑤

CRM은 기존고객 및 잠재고객을 대상으로 하고 고객유지 및 이탈방지 전략이 비중이 높지만 신규고객의 확보 또한 CRM의 대상이 된다. 즉, 통상적으로 보면 MASS 마케팅이 신규고객을 개발하는데 주력하고, CRM 마케팅은 이를 유지 및 지속시키는 역할을 하는 것이 그 흐름인데, CRM 마케팅의 경우에는 기존고객 유지 및 이탈방지를 주로 하고 있지만 신규고객을 창출하는 데에도 그 업무의 대상이 된다.

53 ③

지문은 RFM 분석에 대해 설명하고 있다. M (Monetary)은 고객이 최초 가입일로부터 현재까지 구매한 평균금액의 크기를 분석하는데, 이러한 평균구매금액이 많을수록 고객의 로열티는 높아진다.

54 ④

집약적 유통은 다른 말로 개방적 유통이라고도 하며, 가능한 한 많은 소매상들로 하여금 자사의 제품을 취급하게 하도록 함으로서, 포괄되는 시장의 범위를 확대시키려는 전략을 의미한다. 제품의 인지도를 알리는 것으로는 효율적이지만, 편의품(껌, 세제, 사탕) 등의 마진이 적은 제품을 취급하기에 순이익이 낮다는 단점이 있다.

55 ①

위 박스의 내용은 시간기준경쟁(Time-Based Competition)에 대한 내용을 나타내고 있다. 시간기준경쟁은 시간을 최대한 효율적으로 활용하는 경영기법으로 제품의 기획 및 개발단계에서부터 최종소비자에 대한 서비스에 이르기까지의 전 프로세스에서 시간이란 측면의 경쟁우위를 확보하기 위한 방식이다.

② 칼스는 제품의 계획 설계 조달 생산 사후관리 폐기 등 전 과정에서 발생하는 모든 정보를 디지털화해 관련 기업 간 공유할 수 있도록 하는 정보시스템을 의미하는데 초고속 정보통신망을 통한 물류 및 자재조달과 관련된 정보의 신속한 전달로 상품을 주문하고 생산하여 생산 공정을 단축함으로써 비용절감과 생산성 향상을 가져오기 위한 시스템을 말한다.

③ 지식경영은 기업이나 종업원 개개인이 지니는 지식을 체계적으로 발굴하여 기업 내부 보편적인 지식으로 발전시켜 기업 전체의 경쟁력을 향상시키는 경영활동을 말한다.

④ 차별화전략은 고객이 비싼 가격을 지불하더라도 구입하려고 하는 그 무엇이 제공되는 제품이나 서비스로 경쟁우위를 확보하는 전략으로 이 경우 제품은 고객이 인정할 수 있는 특이성이 있어야 차별화가 가능하다.

56 ④

관리형 시스템은 높은 수준의 조직상호 간의 경영이 비공식적인 협조 하에 수행된다. 즉 시장점유율이 높은 상표의 상품을 지닌 생산업자는 재판매업자에게 강력한 거래상의 협조 및 지지를 확보한다.

57 ③

문제의 지문은 공생 마케팅을 설명하고 있다. 소주업계와 화장품 회사 간의 자원의 연계로 인해 시너지 효과를 극대화시키는 전략이다. 즉, 공생 마케팅(Symbiotic Marketing)은 동일한 유통 경로 수준에 있는 기업들이 자본, 생산, 마케팅 기능 등을 결합해 각 기업의 경쟁 우위를 공유하려는 마케팅 활동으로써 이에 참여하는 업체가 경쟁 관계에 있는 경우가 보통이며 자신의 브랜드는 그대로 유지한다. 흔히, 경쟁 관계에 있는 업체끼리의 제휴라는 면에서 이는 적과의 동침이라고 불리기도 한다. 또한 다른 말로 수평적 마케팅 시스템 (Horizontal Marketing System)이라고도 할 수 있다. ① 디 마케팅(De Marketing), ② 니치 마케팅(Niche Marketing), ④ 바이러스 마케팅(Virus - Marketing), ⑤ 노이즈 마케팅(Noise Marketing)을 각각 설명한 것이다.

58 ②

노획가격(Captive Pricing)은 주 제품에 대해서 가격은 낮게 책정해서 이윤을 줄이더라도 시장점유율을 늘리고 난 후에 종속 제품인 부속품에 대해서는 이윤을 추구하는 전략을 의미한다. 또한 주 제품에 맞는 종속 제품을 요구함으로써 자사와는 다른 타 사의 제품을 쓰지 못하게 하는 특징도 있다.

59 ④

㉠ 단수가격(Odd Pricing)은 시장에서 경쟁이 치열할 때 소비자들에게 심리적으로 값싸다는 느낌을 주어 판매량을 늘리려는 가격결정방법인데 제품의 가격을 100원, 1,000원 등과 같이 현 화폐단위에 맞게 책정하는 것이 아니라, 그 보다 조금 낮은 95원, 970원, 990원 등과 같이 단수로 책정하는 방식이다. 이러한 단수가격의 설정목적은 소비자의 입장에서는 가격이 상당히 낮은 것으로 느낄 수

있고, 정확한 계산에 의해 가격이 책정되었다는 느낌을 줄 수 있기 때문이다.
㉡ 관습가격(Customary Pricing)은 일용품의 경우처럼 장기간에 걸친 소비자의 수요로 인해 관습적으로 형성되는 가격을 말한다. 소매점에서 포장 과자류 등을 판매할 때, 생산원가가 변동되었다고 하더라도 품질이나 수량을 가감하여 종전가격을 그대로 유지하는 것을 의미한다.
㉢ 명성가격(Prestige Pricing)은 자신의 명성이나 위신을 나타내는 제품의 경우에 일시적으로 가격이 높아짐에 따라 수요가 증가되는 경향을 보이기도 하는데, 이를 이용하여 고가격으로 가격을 설정하는 방법이다. 제품의 가격과 품질의 상관관계가 높게 느껴지게 되는 제품의 경우에는 고가격을 유지하는 경우가 많다.

60 ②

마케팅관리(회사)의 입장에서 보면, 광고는 해당 시장에서 경쟁우위를 확보하거나 또는 확보된 경쟁우위를 오랜 기간 동안 유지하기 위한 전략적 도구가 된다고 할 수 있다. 하지만, 광고는 비용을 지불하여 제품의 내용, 특징에 대해 통제가 가능하기에 과대선전이 될 수 있다는 문제가 발생할 수 있다. 이는 곧 소비자들의 제품에 대한 거짓된 신뢰에 노출될 수도 있기 때문이다.

61 ⑤

서번트 리더십은 인간 존중을 바탕으로 다른 구성원들이 업무 수행에 있어 자신의 잠재력을 최대한 발휘할 수 있도록 도와주는 리더십을 의미한다. ①번은 감성 리더십, ②번은 카리스마 리더십, ③번은 거래적 리더십, ④번은 셀프 리더십을 각각 설명한 것이다.

62 ④

개방형 질문은 주관식 형태의 질문형식을 취하고 있으며 응답자들이 정해진 답이 없이 자유롭게 스스로의 생각을 표현할 수 있다는 이점이 있는 질문방식이다. 개방형 질문형태로 수집한 자료는 정해지지 않은 다양한 응답을 얻을 수 있으므로 폐쇄형 질문(객관식 형태)에 비해서 일반화시켜 코딩하기가 상당히 어렵다는 문제점이 있다.

63 ⑤

보상적 권력은 원하는 보상을 해 줄 수 있는 자원과 능력을 갖고 있을 때 발생하는 권력을 의미한다.

64 ③

의문표의 경우 대단히 매력적이지만 상대적으로 시장점유율이 낮기 때문에 시장성장에 따른 잠재적 이익이 실현될 수 있을지 의문이 제기되는 사업부이다.

65 ③

프로젝트 조직은 혁신적이면서 비일상적인 과제의 해결을 위해 형성되는 동태적 조직이다.

66 ⑤

4PL은 3PL보다 범위가 넓은 공급사슬 역할을 담당한다.

67 ①

고객생애가치는 한 시점에서의 가치가 아니고 고객과 기업 간에 존재하는 관계의 전체적인 가치를 의미한다.

68 ④

표본설계 시 고려요인은 다음과 같다.
- 표본단위(Sample Unit)
- 표본크기(Sample Size)
- 표본추출절차 (Sampling Procedure)
- 자료수집수단(Means Of Contact)

69 ②

목표에 의한 관리는 개인과 조직의 목표를 명확히 규정함으로써 구성원의 목표를 상급자 및 조직전체의 목표와 일치하도록 하기 때문에 조직목표 달성에 효과적으로 기여한다는 것이다.

70 ④

정보(Information)는 관찰 또는 측정 등을 통해 수집된 자료를 실제 문제해결에 도움이 될 수 있도록 해석하고 정리한 것이다.

71 ②

의사결정자는 대안과 그 결과에 대해 완전한 정보를 가질 수 없는 제한된 합리성을 전제로 한다.

72 ③

매트릭스 바코드에서 심볼을 판독하게 되는 스캐너는 각 정방형의 요소가 검은지 흰지를 식별해 내고 이 흑백 요소를 데이터의 비트로 삼아서 문자를 구성하게 되는데, 이런 구조로 말미암아 다층형 심볼로지나 선형 심볼로지보다 더 용이하게 인쇄나 판독을 할 수 있다.

73 ⑤

GS1-14는 포장박스를 개봉하지 않고도 직접 내용물의 개별포장이 무엇인지를 자동적으로 판독하여 식별하기 위해 개발된 것이다.

74 ①

POS 터미널의 도입에 의해 판매원 교육 및 훈련시간이 짧아지고 입력오류를 방지할 수 있다.

75 ③

③ 소비자중심경영(CCM : Consumer Centered Management)은 기업의 모든 경영 활동을 소비자 중심으로 구성하고 이를 지속적으로 개선해 나가는 것을 의미하는데 기업 조직이 소비자중심경영을 잘 운영하고 있는지 한국소비자원에서 평가하고 공정거래위원회가 인증하는 제도이다. 이를 소비자 측면에서 살펴보게 되면 CCM 인증 기업의 제품이나 서비스를 안심하고 선택할 수 있을 뿐만 아니라 피해 발생 시에 신속히 처리할 수 있다. 기업 측면에서 보면 소비자 피해 발생 요소를 줄이고 사전 예방 활동을 강화하여 기업에 대한 소비자의 만족도와 기업 경쟁력을 향상시킬 수 있다. 공공 부문에서는 사후적인 분쟁 해결 및 시정 조치에 필요한 비용 절감 효과를 기대할 수 있다.

76 ②

물류표준화는 화물역, 공항, 항만, 배송센터와 같이 운송수단 간의 연결거점에서의 신속한 화물처리를 위하여 운송, 보관, 하역 등 각 단계에서 자동화·기계화를 추진하며, 포장의 규격, 컨테이너, 지게차 등 물류기기 및 운송수단의 재질, 강도, 구조 등을 국가적인 차원에서 통일화·규격화하는 것을 의미한다.

77 ①

① 라벨을 제품에 붙이기 때문에 라벨이 떨어질 경우가 있고 장기간이 지나면 바코드의 흑색 bar가 퇴색하게 되므로 판독 시에 오독의 우려가 있다.

78 ④

채찍효과는 불확실한 위험에 대비하여 과다한 예측을 하고 그에 따라 주문을 의뢰하는 현상으로 수요예측의 정확도가 공급체인의 상부로 갈수록 그 파장이 커지게 되는 현상을 의미한다. 수요에 대한 정보의 집중화 및 공유가 이루어지도록 해야 한다.

79 ③

③ 매출액은 100억, 물류비는 10억, 순이익은 5억이 된다. 물류비를 5% 추가 절감하면 10억에서 9억 5천이 되므로 순이익이 5억 5천만 원으로 증가하게 된다. 순이익을 매출액으로 환원하면 110억이므로 10억이 증가하게 된다.

80 ③

크로스도킹 전략을 통해 물류센터에서의 회전율을 증가시킬 수 있다.

>> **직업기초능력평가**

1 ⑤

제브라 피쉬의 실험은 햇빛의 자외선으로부터 줄기세포를 보호하는 멜라닌 세포를 제거한 후 제브라 피쉬를 햇빛에 노출시켜 본 사실이 핵심적인 내용이라고 할 수 있다. 따라서 이를 통하여 알 수 있는 결론은, 줄기세포가 존재하는 장소는 햇빛의 자외선으로부터 보호받을 수 있는 방식으로 진화하게 되었다는 것이 타당하다고 볼 수 있다.

2 ④

국제사회와 빚고 있는 무역 갈등은 자국의 이기주의 또는 보호무역주의에 의한 또다른 문제로 볼 수 있으며, 제시된 기후변화와 화석에너지 정책의 변화 내용과는 관련이 없는 내용이라고 할 수 있다. 트럼프 행정부의 에너지 정책 추진에 관한 내용과 에너지원 활용 현황, 국제사회와의 협약 이행 여부 관찰 등은 모두 제시 글의 말미에서 정리한 서론의 핵심 내용을 설명하기 위해 전개하게 될 사항들이다.

3 ②

제시 글을 통해 알 수 있는 합리적 기대이론의 의미는 가계나 기업 등 경제주체들은 활용가능한 모든 정보를 활용해 경제상황의 변화를 합리적으로 예측한다는 것으로 이에 따르면 공개된 금융, 재정 정책은 합리적 기대이론에 의한 경제주체들의 선제적 반응으로 무력화되고 만다. 보기 ②에서 언급된 내용은 이와 정반대로 움직이는 경제주체의 모습을 설명한 것으로, 경제주체들이 드러난 정보를 무시하고 과거의 실적치만으로 기대를 형성하는 기대오류를 범한다고 보는 견해이다.

4 ③

(다)의 내용은 농어촌 특성에 적합한 고령자에 대한 복지서비스를 제공하는 모습을 설명하고 있다.

5 ⑤

염증 생성 억제 효과를 확인한 실험을 통해 연구진은 풋 귤의 폴리페놀과 플라보노이드 함량이 감귤의 2배 이상이라고 언급하였으며, 이것은 폴리페놀과 플라보노이드가 염증 생성 물질인 일산화질소와 염증성 사이토카인을 억제한 것이라고 설명하고 있다.

6 ①

언어의 기능

㉠ **표현적 기능** : 말하는 사람의 감정이나 태도를 나타내는 기능이다. 언어의 개념적 의미보다는 감정적인 의미가 중시된다. →[예 : 느낌, 놀람 등 감탄의 말이나 욕설, 희로애락의 감정표현, 폭언 등]

㉡ **정보전달기능** : 말하는 사람이 알고 있는 사실이나 지식, 정보를 상대방에게 알려 주기 위해 사용하는 기능이다. →[예 : 설명, 신문기사, 광고 등]

㉢ **사교적 기능**(친교적 기능) : 상대방과 친교를 확보하거나 확인하여 서로 의사소통의 통로를 열어 놓아주는 기능이다. →[예 : 인사말, 취임사. 고별사 등]

㉣ **미적 기능** : 언어 예술작품에 사용되는 것으로 언어를 통해 미적인 가치를 추구하는 기능이다. 이 경우에는 감정적 의미만이 아니라 개념적 의미도 아주 중시된다. →[예 : 시에 사용되는 언어]

㉤ **지령적 기능**(감화적 기능) : 말하는 사람이 상대방에게 지시를 하여 특정 행위를 하게 하거나, 하지 않도록 함으로써 자신의 목적을 달성하려는 기능이다. →[예 : 법률, 각종 규칙, 단체협약, 명령, 요청, 광고문 등의 언어]

7 ④

A는 은하와 은하가 멀어질 때 그 사이에서 물질이 연속적으로 생성되어 새로운 은하들이 계속 형성되기 때문에, 우주가 팽창하지만 전체적으로 항상성을 유지하며 평균 밀도가 일정하게 유지된다고 보고 있다.

8 ④

제시된 글은 누구나 쉽게 정보를 생산하고 공유할 수 있는 소셜미디어의 장점이 부각된 기사로 ①②③⑤의 보기들은 사례 내용과 관련이 없다.

9 ②

합리적 의사결정의 조건으로 회의에서 논의된 내용이 투명하게 공개되어야 한다는 조건을 명시하고 있으나, ㉠과 ㉢에서는 비공개주의를 원칙으로 하고 있기 때문에 조건에 위배된다.

10 ③

실질 GDP는 기준연도의 가격을 근거로 한 불변가격 GDP이므로 실질 GDP가 변하는 요인은 가격이 아닌 물량의 변동에 따른 것이다.

11 ②

B가 달린 시간을 x분이라고 하면, A가 달린 시간은 $(x+2)$분이다.

(거리)=(속력)×(시간)이므로 $4,000=200(x+2)+300x$

$3,600=500x$, $x=\dfrac{36}{5}$

그러므로 두 사람이 두 번째로 만날 때까지 걸린 시간은 B가 출발한지 $\dfrac{36}{5}$분이 지났을 때이다.

12 ④

의자수를 x라 하면, 사람 수는 $8x+5$와 $10(x-2)+7$로 나타낼 수 있다.

두 식을 연립하여 풀면 $8x+5=10(x-2)+7$, $x=9$가 되며, 그러므로 의자의 개수는 9개이다.

13 ①

지금부터 4시간 후의 미생물 수가 270,000이므로 현재 미생물의 수는 270,000÷3=90,000이다. 4시간 마다 3배씩 증가한다고 하였으므로 지금부터 8시간 전의 미생물 수는 90,000÷3÷3=10,000이다.

14 ①

A 등급 한 명에게 지급되는 금액을 $6x$, B 등급 한 명에게 지급되는 금액을 $3x$, C 등급 한 명에게 지급되는 금액을 $2x$라 하면,

$6x\times5+3x\times10+2x\times15=4,500$(만 원),

$x=50 \rightarrow 6x=300$(만 원)

15 ③

몇 년 뒤를 x라 하면,

$58+x=2(7+x+4+x)$

$58+x=22+4x$

그러므로 $x=12$

12년 뒤, 손자들은 19세, 16세가 되면 홍만씨는 70세가 된다.

16 ⑤

실제중량 40kg와 용적중량 $\dfrac{(80\times60\times70)}{6,000}=56kg$

중 더 큰 중량인 56kg을 적용하여 항공운임을 계산하면 $56\times13=728$이다.

17 ②

$200,078-195,543=4,535$백만 원

18 ①

$103,567\div12,727=8.13$배

19 ②

$\dfrac{598,360,000,000}{8,493,000}≒70,453$(원)

20 ④

- 2006년의 비만 환자 비율의 증가량 : 7.7%
- 2007년의 비만 환자 비율의 증가량 : 6.4%
- 2008년의 비만 환자 비율의 증가량 : 16%
- 2009년의 비만 환자 비율의 증가량 : 8.3%

- 2010년의 비만 환자 비율의 증가량 : 6.1%
- 2011년의 비만 환자 비율의 증가량 : 1.9%

따라서 2008년, 2009년, 2006년, 2007년, 2010년, 2011년 순이 된다.

21 ①

① 乙과 甲, 乙과 丙이 '동갑' 관계이고 甲과 丙이 '위아래' 관계이므로 甲, 乙, 丙의 관계는 '모호'하다.

22 ④

5개의 건물이 위치한 곳을 그림과 기호로 표시하면 다음과 같다.

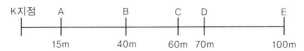

첫 번째 조건을 통해 목욕탕, 미용실, 은행은 C, D, E 중 한 곳, 교회와 편의점은 A, B 중 한 곳임을 알 수 있다.

두 번째 조건에 의하면 목욕탕과 교회 사이에 편의점과 또 하나의 건물이 있어야 한다. 이 조건을 충족하려면 A가 교회, B가 편의점이어야 하며 또한 D가 목욕탕이어야 한다. C와 E는 어느 곳이 미용실과 은행의 위치인지 주어진 조건만으로 알 수 없다.

따라서 보기 ④에서 언급된 바와 같이 미용실이 E가 된다면 은행은 C가 되어 교회인 A와 45m 거리에 있게 된다.

23 ⑤

정이 1층에 거주하므로 네 번째 조건에 의해 2층에 무가 거주할 수 없다. 또한 네 번째 조건에서 병도 2층에 거주하지 않는다 하였으므로 2층에 거주할 수 있는 사람은 갑 또는 을이다. 이것은 곧, 3, 4, 5층에 병, 무, 갑 또는 을이 거주한다는 것이 된다. 두 번째 조건에 의해 병과 무가 연이은 층에 거주하지 않으므로 3, 5층에는 병과 무 중 한 사람이 거주하며 2, 4층에 갑과 을 중 한 사람이 거주하는 것이 된다. 따라서 보기 ①~④의 내용은 모두 모순되는 것이 되며, 보기 ⑤에서와 같이 무가 3층에 거주한다면 병이 5층에 거주하게 된다.

24 ①

B는 항상 D가 가는 공장의 바로 오른쪽에 있는 곳에 가야 한다고 했으므로 (D, B)를 묶어서 생각한다. 네 번째 조건에서 ㈐ 공장에는 B와 C가 갈 수 없다고 했지만 ㈐ 공장의 오른쪽에는 공장이 없으므로 D 역시 갈 수 없다. 그러므로 ㈐ 공장에 갈 수 있는 사람은 A와 E뿐이다.

A가 ㈐ 공장에 가는 경우	E가 ㈐ 공장에 가는 경우
(D－B)－C－E－A	(D－B)－A－C－E
(D－B)－E－C－A	(D－B)－C－A－E
C－(D－B)－E－A	A－(D－B)－C－E
E－(D－B)－C－A	C－(D－B)－A－E
C－E－(D－B)－A	A－C－(D－B)－E
E－C－(D－B)－A	C－A－(D－B)－E

25 ②

C－D－B－E－A, E－C－D－B－A, C－D－B－A－E, A－C－D－B－E의 4가지 방법이 있다.

26 ④

회의 시간이 런던을 기준으로 11월 1일 9시이므로, 이때 서울은 11월 1일 18시, 시애틀은 11월 1일 2시이다.

- 甲은 런던을 기준으로 말했으므로 甲이 프로젝트에서 맡은 업무를 마치는 시간은 런던기준 11월 1일 22시로, 甲이 맡은 업무를 마치는 데 필요한 시간은 22－9＝13시간이다.
- 乙은 시애틀을 기준으로 이해하고 말했으므로 乙은 甲이 말한 乙이 말한 다음날 오후 3시는 시애틀 기준 11월 2일 15시이다. 乙은 甲이 시애틀을 기준으로 11월 1일 22시에 맡은 일을 끝내 줄 것이라고 생각하였으므로, 乙이 맡은 업무를 마치는 데 필요한 시간은 2＋15＝17시간이다.
- 丙은 서울을 기준으로 말했으므로 丙이 말한 모레 오전 10시는 11월 3일 10시이다. 丙은 乙이 서울을 기준으로 11월 2일 15시에 맡은 일을 끝내 줄 것이라고 생각하였으므로, 丙이 맡은 업무를 마치는 데 필요한 시간은 9＋10＝19시간이다. 따라서 계획대로 진행될 경우 甲, 乙, 丙이 맡은 업무를 끝내는 데 필요한 총 시간은 13＋17＋19＝49시간으로, 2일하고 1시간이라고 할 수 있다. 이를 서울 기준으로 보면 11월 1일 18시에서 2일하고 1시간이 지난 후이므로, 11월 3일 19시이다.

27 ②

㉠ 수민 : 계약의 성과 중 일부를 나눈다고 하였으므로 지지에 상응하는 대가를 제공하는 '교환 전술'에 해당한다.

㉡ 홍진 : 공문에 근거한 것이고 절차상 아무 문제도 없다고 하였으므로 제안의 적법성을 인식시키는 '합법화 전술'에 해당한다.

28 ③

주어진 조건을 정리해 보면 마지막 줄에는 봉선, 문성, 승일이가 앉게 되며 중간 줄에는 동현이와 승만이가 앉게 된다. 그러나 동현이가 승만이 바로 옆 자리이며, 또한 빈자리가 바로 옆이라고 했으므로 승만이는 빈자리 옆에 앉지 못한다. 첫 줄에는 강훈이와 연정이가 앉게 되고 빈자리가 하나 있다. 따라서 연정이는 빈자리 옆에 배정 받을 수 있다.

29 ③

③ 丙이 2번 자리에 앉을 경우, 丁은 햇빛 알레르기가 있어 1번 자리에 앉을 수 없으므로 3, 4, 5번 중 한 자리에 앉아야 하며, 丙과 성격이 서로 잘 맞지 않는 戊는 4, 5번 중 한 자리에 앉아야 한다. 이 경우 성격이 서로 잘 맞은 甲과 乙이 떨어지게 되므로 최상의 업무 효과를 낼 수 있는 배치가 되기 위해서는 丙은 2번 자리에 앉을 수 없다.

① 창문－戊－乙－甲－丙－丁 순으로 배치할 경우 甲은 3번 자리에 앉을 수 있다.

② 창문－戊－丁－丙－甲－乙 순으로 배치할 경우 乙은 5번 자리에 앉을 수 있다.

④ 丁이 3번 자리에 앉을 경우, 甲과 성격이 서로 잘 맞는 乙, 丙 중 한 명은 甲과 떨어지게 되므로 최상의 업무 효과를 낼 수 있는 배치가 되기 위해서는 丁은 3번 자리에 앉을 수 없다.

⑤ 戊가 2번 자리에 앉을 경우, 丁은 햇빛 알레르기가 있어 1번 자리에 앉을 수 없으므로 3, 4, 5번 중 한 자리에 앉아야 하는데, 그러면 甲과 성격이 서로 잘 맞는 乙, 丙 중 한 명은 甲과 떨어지게 되므로 최상의 업무 효과를 낼 수 있는 배치가 되기 위해서는 戊는 2번 자리에 앉을 수 없다.

30 ⑤

㉠ a=b=c=d=25라면, 1시간당 수송해야 하는 관객의 수는 40,000×0.25=10,000명이다. 버스는 한 번에 대당 최대 40명의 관객을 수송하고 1시간에 10번 수송 가능하므로, 1시간 동안 1대의 버스가 수송할 수 있는 관객의 수는 400명이다. 따라서 10,000명의 관객을 수송하기 위해서는 최소 25대의 버스가 필요하다.

㉡ d=40이라면, 공연 시작 1시간 전에 기차역에 도착하는 관객의 수는 16,000명이다. 16,000명을 1시간 동안 모두 수송하기 위해서는 최소 40대의 버스가 필요하다.

㉢ 공연이 끝난 후 2시간 이내에 전체 관객을 공연장에서 기차역까지 수송하려면 시간당 20,000명의 관객을 수송해야 한다. 따라서 회사에게 필요한 버스는 최소 50대이다.

31 ④

A, B, C의 장소를 각각 1대의 차량으로 방문할 시의 수송거리는 (10+13+12)×2=70km, 하나의 차량으로 3곳 수요지를 방문하고 차고지로 되돌아오는 경우의 수송거리 10+5+7+12=34km, 그러므로 70-34=36km가 된다.

32 ③

용적(부피)중량에 의한 방법은 용적계산(가로×세로×높이)의 방식으로 계산하며, 직육면체 또는 정육면체가 아닌 경우(최대 가로×최대 세로×최대 높이)로 계산한다. 가볍고 용적이 큰 화물에 대해 용적을 중량으로 환산하는 방법은(가로×세로×높이÷6,000)이며, 높이 중량단계의 낮은 요율을 적용하여 운임이 낮아질 경우 그대로 이 운임을 적용하므로

30.5×55×24.5×3÷6,000=20.549375 ≒ 21kg이 된다.

33 ③

30일 동안 최대 수익을 올릴 수 있는 진행공정은 다음과 같다.

F(20일, 70명)			
B(10일, 30명)	A(5일, 20명)		C(10일, 50명)

F(85억)＋B(20억)＋A(15억)＋C(40억)＝160억 원

34 ①

아웃소싱 업체에 대해 지휘 통제적인 구축보다는 서로 간의 윈-윈 전략을 통해 상생의 관계를 유지해야 한다.

35 ④

○○그룹에게 있어 A 자원의 실익은 100만 원이고 B 자원의 실익은 150만 원이므로 더 큰 실제의 이익을 주는 자원은 B 자원이다.

36 ②

△△그룹에서 자판기의 최적 설치량은 5개이며 이 때 전 직원이 누리는 총 만족감은 330만 원이다.

37 ④

하루 40feet 컨테이너에 대한 트럭의 적재량=2×4=80
월평균 트럭 소요대수=1,600×20÷2,000=16
월평균 40feet 컨테이너 트럭의 적재량=25×80=2,000
∴ 1일 평균 필요 외주 대수는 16-11=5대이다.

38 ⑤

물류비를 10% 절감하면 40억 원, 경상이익은 140억이 된다. 그러므로 매출액은 2,800억 원이 되므로 40%가 증가한다고 볼 수 있다.

39 ⑤

초기에 표준으로 구축된 데이터베이스는 최적의 라우팅을 생성시키기 위해서 계속적으로 수정을 해야 한다.

40 ⑤

JIT는 필요할 시에 필요로 하는 양 만큼 만들어내는 방식으로 다품종 소량생산, 저비용으로 품질을 유지해 필요한 시기에 대응하는 방법이다.

>> 직무수행능력평가(경영학)

41 ⑤

CRM 마케팅의 경우에는 기존고객 유지 및 이탈방지를 주로 하고 있지만 신규고객을 창출하는 데에도 그 업무의 대상이 된다. CRM에 대한 위의 기사에서 유추가 가능한 내용은 다음과 같다.

① CRM은 조직에 가장 도움이 되는 고객을 식별해 내고, 그들에게 최상의 서비스를 제공하는 등 고객들마다 선별적인 관계를 형성한다. → "점포 내에 배치된 전담인력을 활용, 전국 단위 마케팅 전략과는 별개로 해당 지역의 고객군을 분석해 최적화된 DM을 전송하거나 기획행사를 진행하는 한편 온·오프라인을 연계하는 맞춤 영업을 강화"에서 유추할 수 있다.

② 고객 데이터의 세분화를 실시해 고객을 적극적으로 관리하고 유도하며 고객의 가치를 극대화시킬 수 있는 전략을 통해 마케팅을 실시한다. → "고객이 백화점에서 상품을 구매하고 멤버십카드를 내밀면 해당 고객의 성별이나 혼인 여부 등의 정보가 데이터베이스로 쌓인다. 그 고객이 어떤 상품군을 주로 사는지, 선호하는 브랜드는 무엇인지 등을 파악해 DM, 할인 쿠폰 등의 발급에 반영"에서 유추할 수 있다.

③ 고객들의 욕구를 파악한 후에 이를 뒷받침할 수 있는 기술적인 솔루션을 제공함으로써 고객과의 관계가 긴밀하게 유지될 수 있는 것이다. → "백화점 성장세가 꺾이고 고객군이 다변화하면서 마케팅의 IT화는 더욱 속도가 붙을 것이라는 전망"에서 유추할 수 있다.

④ 고객의 니즈를 찾아 이를 만족시켜 줄 수 있도록 하며, 그로 인해 자사의 이익을 창출하게 된다. → "부족했던 젊은 층의 수요를 끌어올려 지난해 20~30대 기준 매출 신장률이 전국 지점 중 1위를 기록"에서 유추할 수 있다.

42 ⑤

중립적 갈등은 경로성과에 영향을 끼치지 않는 경로 갈등으로 경로구성원들 간 상호의존 정도가 상당히 높은 경우에 발생하게 된다.

43 ③

문제의 그림은 경로 커버리지 유통경로 중 집중적 유통을 표현한 것이다. 이 방식은 유통경로의 목적을 달성하기 위해 가능한 한 많은 점포들이 자사의 제품을 취급할 수 있도록 하기 위한 경로전략으로 주로 편의품(음료, 치약, 스타킹 등)이 이에 속한다.

44 ③

High/Low 가격결정은 EDLP 전략에 비해 고가격을 제시하면서 상황에 따라 낮은 가격으로 할인하기도 하는 전략을 의미한다. ③번의 경우에는 주로 EDLP(항시저가전략)에 해당하며, High/Low의 경우에는 백화점(상황에 따라 가격을 올리거나 또는 낮추는 등의) 등에서 주로 활용하는 가격결정방법이다.

45 ③

위 지문에서 전문가들이 말하는 월마트의 성공 핵심은 'EDLP(Every Day, Low Price)'에 있다고 제시하고 있는데, 이러한 EDLP(Every Day Low Price : 항시저가정책)는 1년 365일 저가격을 유지하는 전략을 의미한다. 이렇듯 항시저가정책을 펼치고 있으므로 따로 자체적인 세일에 따른 광고를 할 필요가 없으므로 광고비 감소의 효과를 가져오게 된다.

46 ⑤

매트릭스 조직에서 작업자는 2중 명령체계를 갖게 된다. 하나는 기능부문이나 사업부문에서 유래하는 수직적 명령체계이며, 또 하나는 특수한 분야의 전문가인 프로젝트 책임자로부터 받는 수평적 명령체계를 지니게 된다.

47 ①

경제적 주문량의 기본가정은 다음과 같다.
• 계획기간 중 해당품목의 수요량은 항상 일정하며, 알려져 있다.
• 단위구입비용이 주문수량에 관계없이 일정하다.
• 연간 단위재고 유지비용은 수량에 관계없이 일정하다.
• 1회 주문비용이 수량에 관계없이 일정하다.
• 주문량이 일시에 입고된다.

• 조달기간(lead time)이 없거나 일정하다.
• 재고부족이 허용되지 않는다.

48 ③

①②④⑤번은 비확률 표본추출에 해당하며, ③번은 확률표본 추출법에 해당한다.

49 ②

의사결정지원 시스템에서 제시하는 대안이 문제해결의 답이 아니라 보조적인 지식일 수도 있고, 또 답안을 제시하더라도 문제의 해답이 아닐 수 있다.

50 ②

조달물류비는 물자가 조달처로부터 운송되어서 매입물자의 보관창고에 입고 및 관리되어 생산 공정에 투입되기 직전까지의 물류활동에 따른 물류비, 생산 공정투입 직전까지 실시한 하역, 검수, 입출고, 보관 등의 관련 제비용 등을 포함하며 하역, 운송, 검수, 입고, 보관, 출고 등의 조달물류과정에서 발생한 비용을 말하고, 사내물류비는 생산 공정 투입시점에서부터 생산과정 중의 공정 및 공정 간의 원재료나 또는 반제품의 운송, 보관활동 및 생산된 완제품을 창고에 보관하기 직전까지의 물류활동에 따른 물류비를 말하며, 판매물류비는 완제품 또는 매입한 상품 등을 창고에 보관하는 활동부터 그 이후의 모든 물류활동에 따른 물류비를 말한다.

51 ③

1억 원을 투자하여 15%의 수익률을 올리므로 수익은 15,000,000원이다. 예상 취급량이 30,000개 이므로 15,000,000÷30,000＝500(원)이고, 취급원가가 1,500원 이므로 목표수입가격은 1,500＋500＝2,000(원)이 된다.

52 ⑤

JIT(적시생산시스템)는 필요할 시에 필요로 하는 양만큼 만들어내는 방식으로 다품종 소량생산, 저비용으로 품질을 유지해 필요한 시기에 대응하는 방법이다.

53 ⑤

물류비 : 200억×0.1=20억

영업이익 : 200억×0.06 12억

이익증가액 : 12억×0.1=1억 2천

물류비 감소 : $\dfrac{1억\,2천}{20억} \times 100 = 6\%$

또한, 매출액의 증가는 200억:12억=x:13억 2천

∴ 12x=200×13.2=2,640, x는 220억이기 때문에

$\dfrac{220억 - 200억}{200억} \times 100 = 10\%$ 가 된다.

54 ⑤

위 그림은 철도운송을 나타낸 것이다. 철도운송은 중장거리의 운송 시 운임이 저렴하다는 특징이 있다.

55 ④

물류기업의 경우에는 차량의 효율화, 비용의 절감을 위해 녹색물류 도입을 추진한다.

56 ③

콘체른 (Concern)은 법률적으로 독립성을 유지하면서 경제적으로는 불대등한 관계의 서로 관련된 복수 기업들의 기업결합 형태로써 금융적 방법에 의한 기업집중의 형태이며 독점의 최고 형태이다.

57 ①

추종상표는 시장선도 상표를 따르는 후발제품의 브랜드이다. 이 경우에는 다양한 판촉수단을 사용하여 시장 선도제품을 사용하고 있는 소비자들로 하여금 상표전환을 유도하는 전략을 사용하는 것이 유리하다. 따라서 이러한 마케팅 전략은 다양성 추구 구매행동을 보이는 소비자에 적합하다. 다양성 추구 구매행동은 소비자 관여도가 낮지만 브랜드 간 차이가 상당히 큰 구매상황에서 나타난다. 이런 행동을 보이는 소비자는 브랜드를 자주 바꾼다.

58 ②

광고의 메시지 소구방식으로 비교 광고, 유머소구, 공포소구 등이 있다. 비교 광고는 시장에 새로 진입하는 후발 브랜드나 시장점유율이 낮은 브랜드가 자사 브랜드의 차별성을 부각시켜 소비자의 고려상표군(consideration set)에 들어가는 데 효과적이다. 그러나 시장선도 브랜드나 고관여 제품의 경우에는 비교 광고를 하지 않는다.

59 ④

④ 허즈버그(F. Herzberg)의 2요인 이론은 사람들에게 만족을 주는 직무요인(동기요인)과 불만족을 주는 직무요인(위생요인)이 별개라는 것이다. 그리하여 만족과 불만족을 동일선상의 양극점으로 파악하던 종래의 입장과는 달리 만족과 불만족이 전혀 별개의 차원이고 각 차원에 작용하는 요인 역시 별개라는 것이다. 따라서 불만족이 해소된다고 해서 구매동기가 생기는 것은 아니다. 구매동기에 영향을 미치는 요인은 별개이다.

60 ③

a. BCG매트릭스는 시장성장률과 상대적 시장점유율을 결합하여 4개의 사업영역으로 분류한다.

c. BCG매트릭스의 문제아 영역(물음표 영역)은 시장성장률은 높지만 상대적 시장점유율이 낮은 전략 사업단위를 지칭한다.

61 ③

성장기의 마케팅 전략은 상표를 강화하고 차별화를 통해 시장점유율을 확대하는 것이다. 따라서 제품성능에 관한 구체적 정보를 소비자에게 제공하여 타 제품과의 차이점을 알게 하여 일반 소비자의 인지도와 관심을 높이는 광고가 필요하다. 또한 취급점포를 대폭 확대하여 소비자가 쉽게 구매할 수 있도록 하는 집중적 유통(intensive distribution)전략을 사용하게 된다.

62 ④

④ 인터넷 판매는 오프라인 판매에 비해 소량 다빈도 주문 및 판매가 이루어지므로 물류비용은 증가할 수 있다. 그러나 출점비용이나 고객서비스 비용 등은 감소하고, 카탈로그 인쇄 및 광고 판촉물에 대한 배포비용은 발생하지 않는다. 인터넷 판매로 감소하는 비용은 주문처리 비용, 재고비용, 출점비용, 유통센터 운영비용, 고객서비스 비용 등이다. 그리고 카탈로그 인쇄 및 광고 판촉물에 대한 배포비용은 발생하지 않는다.

63 ③

① 광고의 유연성은 낮다.
② 홍보는 통제력이 낮다.
④ 구전은 신뢰성이 낮다.
⑤ 웹사이트는 유연성이 높다.

64 ④

CRM은 신규고객의 확보보다 기존고객의 유지관리가 비용 면에서 효율적이라는 것을 알게 되면서 등장하였다. CRM은 다양해지는 고객의 욕구에 유연하게 대처함으로써 수익의 극대화를 추구하려는 것이다. CRM은 개별고객에 대한 상세한 정보를 토대로 그들과의 장기적인 관계를 구축하고 충성도를 높여 고객 생애가치를 극대화하려는 것이다. 제시된 내용 모두 CRM에 대한 올바른 설명이다.

65 ②

고객서비스(customer services)는 구매자와 판매자의 연결부문에서의 관계에 주목하게 되면 이러한 고객서비스는 거래를 중심으로 거래 전 요소(pre-transaction), 거래 중 요소(transaction), 거래 후 요소(post-transaction)로 분류되어지는데 주문 시스템의 정확성, 발주의 편리성 등은 거래 중 요소에 해당한다.

66 ④

재고부족비용(shortage cost)은 제품이 품절됨으로써 소비자의 기대를 충족시키지 못하여 발생하는 모든 비용을 의미한다. 판매기회의 상실을 의미하는 기회비용 개념이다.

④ 안전재고량, 연간주문 주기횟수, 주문주기 당 수요변동정도, 주문주기 당 수행시간 변화정도, 제품대체성 등이 재고부족비용의 크기에 영향을 미친다.

67 ⑤

⑤ 기간품목군 상품은 재고관리가 가장 중요한 품목이다. 따라서 품절을 방지하기 위해 매장뿐만 아니라 창고에서도 재고를 보관해야 한다.

68 ③

재고(자산)회전율(inventory turnover)은 재고자산이 어느 정도의 속도로 판매되고 있는가를 나타내는 지표로 사용된다. 일반적으로 재고자산회전율이 높을수록 기업이 양호한 상태이며 이 비율이 낮다는 것은 재고자산에 과잉투자가 발생했음을 의미한다. 따라서 재고자산회전율이 낮은 기업은 수익성도 떨어진다.

$$재고자산회전율 = \frac{매출액}{평균재고자산} = \frac{240,000}{80,000} = 3$$이

된다.

69 ①

단위당 공헌이익(UCM)=₩70,000-₩50,000=₩20,000
목표이익 판매량=(고정비용+목표이익)/단위당 공헌이익=(₩3,000,000+₩3,000,000)/ ₩20,000=300박스
목표이익 판매액=목표이익 판매량×판매가격=300박스×₩70,000=₩21,000,000

70 ②

② 표본의 크기가 커질수록 조사비용과 조사시간은 증가하지만, 표본오류는 감소한다. 따라서 적정한 크기의 표본을 선택하는 것이 필요하다.

71 ①

유통점에서의 구매시점 판촉 또는 프리미엄과 같은 소매상 판매촉진은 소비자의 구매를 유도하여 단기적인 매출을 증대시키려는 것이다.

72 ③

우수한 가치에 상응한 가격결정방식은 품질과 서비스를 잘 결합하여 적정가격에 제공하는 것을 말한다. 즉 경제여건의 변화와 소비자 가격지각에 맞추어 가격을 책정하는 것이다. 소매수준에서 가치상응 가격결정방식의 대표적인 예는 항시저가격정책(EDLP)이다. 그리고 이와 대조적인 가격결정방식은 고-저가격정책이다.

73 ①

준거적 파워는 경로구성원 B가 A와 일체감을 갖기를 원하기 때문에 A가 B에 대해 갖는 파워이다. 경로구성원 A가 매력적인 집단이면, B는 그 구성원이 되고 싶어하거나 또는 기존의 관계를 지속적으로 유지하려 할 것이다. 준거적 파워로는 유명상표를 취급한다는 긍지와 보람, 유명업체 또는 관련 산업의 선도자와 거래한다는 긍지, 상호간 목표의 공유, 상대방과의 관계지속 욕구, 상대방의 신뢰 및 결속 등을 들 수 있다.

74 ⑤

교차판매 또는 상승판매는 대체재나 보완재가 다양하게 존재하는 경우에 고객점유율을 높이기 위해 실시할 수 있다.

75 ②

$$연간매출수량 = \frac{고정비}{단위당 판매가격 - 단위당 변동비}$$

$$= \frac{6억 원}{160만 원 - 120만 원} = 2,000대$$

연간매출액 = 2,000 × 150만 원 = 30억 원

76 ④

주어진 내용은 편의점에 대한 설명이다. 편의점은 비교적 새로운 소규모 소매 업태로 편의품이나 조리된 식료품에 이르기까지 소비자의 일상생활에 밀접한 비교적 폭넓은 상품을 취급한다. 고객이 언제든지 상품을 구매할 수 있도록 24시간 영업하는 등의 시간적인 편의성을 갖고 있을 뿐만 아니라 주택지 안이나 주택지에 밀접한 지역에 점포가 있어 공간적인 편의성을 갖추고 있다. ④에서 편의점은 제한적인 점포면적으로 인해 상품의 다양성과 전문성을 추구하기가 어렵다.

77 ②

CVA(critical value analysis)는 긴요품 가치분석이라고 하며, 기업에 따라 ABC 분석이 재고관리에 부적합 경우 CVA를 이용할 수 있다. 예를 들어 자동차나 냉장고 같은 경우 나사나 볼트와 같은 부품은 원가·용도상 C로 분류되지만 이것들이 없으면 생산라인은 정지될 수밖에 없다. CVA는 점수제로 물품을 분류하는 방식이다. 1급은 품절 불가인 긴요품, 2급은 제한적인 품절허용인 불가결품, 3급은 가끔 품절을 허용하는 필수품, 4급은 품절허용인 소요품으로 구분한다.

78 ④

④ 한계비용(marginal cost)은 제품 1단위를 추가로 생산하는 경우에 그로 인한 총비용의 증가분을 의미하는데, 한계생산이 체감하는 수확체감 현상이 나타나게 되면 한계비용은 체증하게 된다. 이와 반대로 수확체증 현상이 나타나게 되면 한계비용은 체감하게 된다.

79 ①

월마트와 P&G의 사례는 공급사슬관리(Supply Chain Management)를 설명하고 있다. SCM은 이제까지 부문마다의 최적화, 기업마다의 최적화에 머물렀던 정보·물류·자금에 관련된 업무의 흐름을 공급사슬 전체의 관점에서 재검토하여 정보의 공유화와 비즈니스 프로세스의 근본적인 변혁을 꾀하여 공급사슬 전체의 자금흐름(cash flow)의 효율을 향상시키려는 관리개념이다.

80 ⑤

거래처리 정보보다 분석정보에 의존한 의사결정 문제가 자주 발생하기 때문에 의사결정에 있어 정보시스템에 의존하게 되는 것이다.

>> **직업기초능력평가**

1 ②

ⓐ의 이전 문장을 보면 알 수 있는데, "언론의 자유와 공정한 형사절차를 조화시키면서 범죄 보도를 제한할 수 있는 방법을 모색하였다. 그리하여 셰퍼드 사건에서 제시된 수단과 함께 형사재판의 비공개, 형사소송 관계인의 언론에 대한 정보제공금지 등이 시행되었다."에서 볼 수 있듯이 ②의 경우에는 예단 방지를 위한 것이다. 하지만, 예단 방지 수단들에 대한 실효성이 떨어진다는 것은 알 수가 없다.

2 ②

'철수는'이라는 주어가 맨 앞으로 와서 '철수는 울면서 떠나는 영희에게 손을 흔들었다.'라고 표현하기 쉬우며, 이것은 우는 주체가 철수인지 영희인지 불분명한 경우가 될 수 있으므로 주의하여야 한다.

3 ⑤

어떤 기회를 이용해서 감사나 사과의 의미를 전달할 때는 "이 자리를 빌려서 감사드린다."라는 표현을 쓰는 것이 적절하다.

※ 빌다 vs 빌리다

㉠ 빌다
 • 바라는 바를 이루게 하여 달라고 신이나 사람, 사물 따위에 간청하다.
 • 잘못을 용서하여 달라고 호소하다.
 • 생각한 대로 이루어지길 바라다.

㉡ 빌리다
 • 남의 물건이나 돈 따위를 나중에 도로 돌려주거나 대가를 갚기로 하고 얼마 동안 쓰다.
 • 남의 도움을 받거나 사람이나 물건 따위를 믿고 기대다.
 • 일정한 형식이나 이론, 또는 남의 말이나 글 따위를 취하여 따르다.

4 ③

① 건강보험공단에서 지원하는 제도이다.
② 임신지원금은 임신 1회당 50만 원이나 다 태아 임신 시에는 70만 원이 지급된다.
④ 지원기간은 신청에 관계없이 이용권 수령일로부터 분만예정일＋60일까지이다.
⑤ 시행일은 2015년 5월 1일이다.

5 ①

입찰 매매는 서면으로 최고 및 최저 가격을 제시한 자와 계약을 체결하며 주로 관공서나 공기업 등의 물품 구입이나 공사 발주 시 이용된다.

6 ④

마지막 문장을 통해 무중력 훈련이 어떻게 이루어지는가에 대한 내용이 올 것이라는 것을 추론할 수 있다. 따라서 글의 제목은 '비행사의 무중력 훈련'이 된다.

7 ③

기획안의 작성도 중요하나 발표 시 문서의 내용을 효과적으로 전달하는 것이 무엇보다 중요하다. 문서만 보면 내용을 이해하기 어렵고 의도한 내용을 바로 파악할 수 없기 때문에 간결하고 시각적인 문서작성이 중요하다.

8 ③

A가 제안한 배분원칙의 요점은 사안의 개별적인 특성을 고려하여 우선순위를 정하자는 것이다.
이러한 방식이 적용된 사례는 ㉢뿐이다.
㉠ 동등한 권리, 동등한 기회를 근거로 아동들의 특성과 상관없이 추첨으로 선발하는 방법을 적용하고 있다.

ⓒ 동등한 주권, 동등한 선거권을 근거로 유권자 개인의 특성과 상관없이 동일한 지원액을 산정하며, 후보의 특성에 상관없이 유권자의 직접 기부라는 동일한 지원 방식을 적용하고 있다.

9 ①

3문단에서 보면 "최근의 정당들이 구체적인 계급, 계층 집단을 조직하고 동원하지는 않지만~"에서 알 수 있듯이 조직으로서의 정당 기능이 약화되었음을 알 수 있다.

10 ③

흡습형태변형은 한쪽 면에 있는 세포의 길이(크기)가 반대 쪽 면에 있는 세포에 비해 습도에 더 민감하게 변하여, 습도가 낮아져 세포 길이가 짧아지면 그쪽 면을 향해 휘어지는 것을 의미한다고 언급되어 있다. 따라서 등에 땀이 나면 세포 길이가 더 짧은 바깥쪽으로 옷이 휘어지게 되므로 등 쪽 면에 공간이 생기게 되는 원리를 이용한 것임을 알 수 있다.

11 ①

형수가 하루 일한 양을 A라 하고, 동수가 하루 일한 양을 B라고 하면
6A+6B=1 - ㉠
7A+3B=1 - ㉡
㉠과 ㉡을 연립해서 풀면, 8A=1, 그러므로 형수 혼자 일한다면 8일이 걸린다.

12 ①

직원의 수를 x 라 하면 $3x+2 = 5x-8$, $2x = 10$
그러므로 $x = 5$
$3x+2$ 에 5를 대입하면 과자는 17개이다.

13 ②

$4x+4y=20$
$x+y=5$ - ㉠
$20x-20y=20$
$x-y=1$ - ㉡
두 식을 연립하여 풀면 $x=3, y=2$이다.

14 ②

첫 번째 주사위가 빨간색일 확률 $\frac{2}{5}$, 두 번째 주사위가 빨간색일 확률 $\frac{1}{4}$, 두 주사위의 합이 총 36가지 중 눈의 합이 10일 확률 $\frac{6}{36}$ 을 모두 곱하면

$$\frac{2}{5} \times \frac{1}{4} \times \left(\frac{6}{36}\right) = \frac{1}{60}$$

15 ③

누나의 나이를 x, 엄마의 나이를 y라 하면,
$2(10+x) = y$
$3(x+3) = y+3$
두 식을 연립하여 풀면, $x = 14(세)$가 된다.

16 ③

$$\frac{37,654}{192,985} \times 100 = 19.51(\%) = 20\%$$

17 ①

순이동＝전입－전출, 서울특별시가 순이동이 $-103,647$ 로 변화폭이 가장 크다.

18 ②

통합된 경제는 통합 이전의 남한과 비교할 때 노동력은 상대적으로 풍부한 반면에 자본은 상대적으로 부족하다. 따라서 통합된 경제의 임금은 통합 이전의 남한보다 낮고, 이자율은 통합 이전의 남한보다 높아질 것으로 판단하는 것이 합리적이다.

19 ④

㉠ 평균 한 사람당 12,000원이므로 총 금액은 $12,000 \times 7 = 84,000$원
㉡ 정수가 음료수 값까지 더 냈으므로 이 값을 제외한 금액은 $84,000 - 24,000 = 60,000$원
㉢ 친구 6명이서 나누어내므로, $60,000 \div 6 = 10,000$원

20 ①

걷는 속도를 분당 x라 하면 $30 \times 0.5 + 20 \times x = 19$
그러므로 $x = 0.2km$

21 ①

조건에 따라 甲의 도서대여 및 반납 일정을 정리하면 다음과 같다.

월	화	수	목	금	토(9.17)	일
					1권 대출	휴관
• 1권 반납 • 2~3권 대출(3일)		• 2~3권 반납 • 4~6권 대출(5일)				휴관
• 4~6권 반납 • 7~10권 대출(7일)						휴관
• 7~10권 반납						휴관

22 ③

기원이와 정아의 진술로 인해 기원이와 정아는 흰우유(A 또는 B)를 먹었다. 현욱이는 정아보다 용량이 많은 우유를 먹었으므로 현욱이가 먹은 우유는 D이고 나머지 C는 은영이가 먹은 우유가 된다.

23 ④

진열되는 음료는 다음과 같다.

콜라/사이다	우유	사이다/콜라	오렌지주스	이온음료
우유	콜라/사이다	오렌지주스	사이다/콜라	이온음료

24 ②

② 무게와 실용성 둘 다를 고려해봤을 때 가장 좋은 방한의류는 B제품이다.

25 ④

1) A가 진실을 말할 때,
　A : 파란색 구슬, B : 파란색 구슬, C : 노란색 구슬
　이 경우, 빨간색 구슬을 가진 사람이 없어서 모순이다.

2) B가 진실을 말할 때,
　A : 빨간색 또는 노란색 구슬, B : 빨간색 또는 노란색 구슬, C : 노란색 구슬
　이 경우, 파란색 구슬을 가진 사람이 없어서 모순이다.

3) C가 진실을 말할 때,
　A : 빨간색 또는 노란색 구슬, B : 파란색 구슬, C : 빨간색 또는 파란색 구슬
　이로부터, A는 노란색 구슬, B는 파란색 구슬, C는 빨간색 구슬을 가지고 있다.

1), 2), 3)에 의하여 빨간색, 파란색, 노란색 구슬을 받은 사람을 차례로 나열하면 C, B, A이다.

26 ④

만약 B가 범인이라면 A와 B의 진술이 참이어야 한다. 하지만 문제에서 한 명의 진술만이 참이라고 했으므로 A, B는 거짓을 말하고 있고 C의 진술이 참이다. 따라서 범인은 D이다.

27 ④

가장 적절한 회의 시간은 ④번으로 전 구성원의 스케줄이 비어있다.

28 ④

날짜를 따져 보아야 하는 유형의 문제는 아래와 같이 달력을 그려서 살펴보면 어렵지 않게 정답을 구할 수 있다.

일	월	화	수	목	금	토
	1	2	3	4	5	6
7	8	9	10	11	12	13
14	15	16	17	18	19	20
21	22	23	24	25	26	27
28	29	30	31			

1일이 월요일이므로 정 대리는 위와 같은 달력에 해당하는 기간 중에 출장을 가려고 한다. 3박 4일 일정 중 출발과 도착일 모두 휴일이 아니어야 한다면 월~목요일, 화~금요일, 금~월요일 세 가지의 경우의 수가 생기는데, 현지에서 복귀하는 비행편이 화요일과 목요일이므로 월~목요일의 일정을 선택해야 한다. 회의가 셋째 주 화요일이라면 16일이므로 그 이후 가능한 월~목요일은 두 번이 있으나, 마지막 주의 경우 도착일이 다음 달로 넘어가게 되므로 조건에 부합되지 않는다. 따라서 출장 출발일로 적절한 날은 22일이며 일정은 22~25일이 된다.

29 ②

수미 소비상황을 봤을 때 A 신용카드 혜택이 없으며, B 신용카드는 1만 원 청구할인, C 신용카드는 1만 포인트 적립, D 신용카드는 1만 원 문화상품권을 증정한다. 액수가 동일한 경우 할인혜택, 포인트 적립, 문화상품권 지급 순으로 유리하다고 했으므로 수미는 B 신용카드를 선택한다.

30 ②

ⓛ 참가자는 무작위로 선정한 것이 아니라 시음회의 참여를 원하는 직원을 대상으로 선정하였기 때문에 전체 직원에 대한 대표성이 확보되었다고 보기는 어렵다.

ⓔ 대표성을 확보하기 위해서는 우리나라의 남녀 비율이 아닌 A회사의 남녀 비율을 고려하여 선정하는 것이 더 적절하다.

31 ⑤

물류정보기술 및 RFID의 기술 등은 컨테이너 보안기술에 적용이 가능하며, 전자봉인은 읽기 전용이고, 컨테이너 보안장치는 컨테이너 침입여부확인, 문의 개폐상태, 이동상황에 따른 정보를 제공하게 된다.

32 ①

적재율, 실제가동률, 실차율을 구하면 각각 다음과 같다.

ⓖ 적재율이란, 어떤 운송 수단의 짐칸에 실을 수 있는 짐의 분량에 대하여 실제 실은 짐의 비율이다.

따라서 기준용적이 $10m^2$인 2.5톤 트럭에 대하여 1회 운행 당 평균용적이 $8m^2$이므로 적재율은

$$\frac{8}{10} \times 100 = 80\%$$ 이다.

ⓛ 실제가동률은 누적실제차량수에 대한 누적실제가동차량수의 비율이다.

따라서 $\frac{340}{400} \times 100 = 85\%$ 이다.

ⓔ 실차율이란, 총 주행거리 중 이용되고 있는 좌석 및 화물 수용 용량 비율이다. 따라서 누적주행거리에서 누적실제주행거리가 차지하는 비율인

$$\frac{30,000}{40,000} \times 100 = 75\%$$ 이다.

33 ⑤

1회 운송단위가 클수록 단위당 운송비용은 낮아지게 된다.

34 ④

① 1,000원(체감비용)+27,000원=28,000원

② 20,000원(토너)+8,000원(A4용지)=28,000원

③ 5,000원(체감비용)+24,000원=29,000원

④ 10,000원(A4용지)+1,000원(체감비용)+16,000원(토너)=27,000원

⑤ 1,000원(체감비용)+18,000(토너)+4,000원(체감비용)+8,000(A4용지)=31,000원

35 ③

ⓖ 경제적 발주량

$$= \sqrt{\frac{2 \times 수요량 \times 회당주문비용}{단위\,당\,재고유지비용}}$$

$$= \sqrt{\frac{2 \times 400 \times 8,000}{1,000}} = 80개$$

ⓛ 주문주기 $= 365 \times \frac{80개}{400개} = 73일$

36 ⑤

필요로 하는 파레트 개수 $= \dfrac{100,000}{200} = 500$(개)

파레트의 면적이 $1.2m^2$이며, 창고의 적재율이 30%이므로 창고의 바닥 면적은 $\dfrac{1.2 \times 500}{0.3} = 2,000m^2$가 된다.

37 ④

공간의 활용도 및 가용 공간이 증가되게 된다.

38 ④

① 거리만을 고려한 최적의 물류거점의 입지

  A=50+50+40=140km

  B=50+60+45=155km

  C=50+45+35=130km

  D=40+60+35=135km

② 거리 및 물동량을 고려한 최적의 물류거점의 입지

  A=50×30+50×20+40×40=3,100톤/km

  B=50×50+60×40+45×20=5,800톤/km

  C=50×50+45×30+35×40=5,250톤/km

  D=40×50+60×30+35×20=4,500톤/km

39 ⑤

$\dfrac{10,000}{100} \times 6 = 600$이 되기 때문에,

재주문점은 600+200=800개가 된다.

40 ③

안전재고는 안전계수×수요의 표준편차×$\sqrt{조달기간}$, 수요의 표준편차는 2배로 확대되고 조달기간이 4배로 증가하였으므로, 안전재고는 $2 \times \sqrt{4} = 4$배가 증가하게 된다.

>> **직무수행능력평가(경영학)**

41 ⑤

문제에서 제시된 그림은 GS 25편의점(프랜차이즈 시스템의 한 형태)을 나타낸 것이다. 프랜차이즈 시스템은 본사에서 가맹지점에게 각종 경영 및 기술 지원 등을 하게 되며, 재료 등을 대량으로 매입해 저렴하게 제공하므로 가맹지점의 입장에서는 본사에 대해 높은 의존도 경향을 보이게 된다.

42 ⑤

문제의 그림은 풀 전략(Pull Strategy)을 나타낸 것이다. 풀 전략은 공급자 쪽으로 당긴다는 의미로써 소비자를 상대로 적극적인 프로모션 활동을 하여 소비자들이 스스로 제품을 찾게 만들고 중간상들은 소비자가 원하기 때문에 제품을 취급할 수밖에 없게 만드는 전략을 의미한다. 이는 다시 소비자들의 제품 브랜드에 대한 애호도 높은 것이라고 할 수 있다. 이런 경우의 소비자들은 충동구매를 하지 않게 된다. ⑤번은 푸시전략 (Push Strategy)에 대한 설명이다.

43 ⑤

⑤ 할당표본 추출법에 관한 설명이다.

44 ④

비정형적 의사결정은 주로 특수한 상황이나 비일상적인 부분에 적용되는 의사결정의 형태이므로 의사결정을 하게 되는 계층은 주로 고위층이다.

45 ④

A, B, C의 장소를 각각 1대의 차량으로 방문할 시의 수송거리는 (10+13+12)×2=70km, 하나의 차량으로 3곳 수요지를 방문하고 차고지로 되돌아오는 경우의 수송거리 10+5+7+12=34km, 그러므로 70-34=36km가 된다.

46 ③

$$상품로스율 = \frac{상품로스}{상품매출액} \times 100$$

상품로스=(기초재고액+기중매입액)−(매출실적액+실사재고액)=17이다.

그러므로 로스율은 $\frac{17}{340} \times 100 = 5\%$ 가 된다.

47 ②

물류관리는 각각의 물류활동들이 충분히 그 기능을 발휘하여 기업의 경영목표달성에 기여할 수 있도록 각종 물류경영자원들을 체계적으로 연계하여 조화시킬 수 있는 시스템이 필요한데, 이를 물류정보시스템(Physical Distribution Information System)이라 한다. 판매와 재고정보가 신속하게 집약되므로 생산 및 판매에 대한 조정이 가능하다.

48 ④

석유의 원유 또는 제품, 천연 가스 등을 파이프로 수송하기 위한 설비로, 육상은 물론 해저에서도 사용된다. 하지만 많은 제약이 따르므로 타 수송과 연계해서 활용하기는 어렵다.

49 ⑤

"호손 공장의 실험을 통해 '결국 노동자를 춤추게 해 성과를 향상시킨 것은 강력한 관리 시스템이 아닌 관심임을 실증적으로 밝혀냈다.'에서 보듯이 기사의 내용은 인간관계론에 대한 설명을 하고 있다. 기존 기업 조직의 경영은 과학적 관리론에 입각한 능률위주였으므로 노동자들은 오로지 생산을 위한 기계화 또는 부품화 된 도구에 지나지 않았다. 그래서 인간의 어떠한 주체성이나 개성 등은 당연히 무시되었던 것이다. 하지만, 산업이 발달하고 기업의 대규모화가 진전되어감에 따라 능률을 위주로 한 기업의 생산성은 점차 한계점에 도달했음을 인식하게 되었고, 과학적 관리론에 대한 회의 및 불평, 불만 일어나기 시작했으며 그것이 불안전하고 비합리적이라는 사실을 증명하기에 이르렀다. 결국 인간관계론은 인간의 기계화가 아닌 호손 실험을 통해서도 알 수 있듯이 기업 조직 내의 비공식조직이 공식조직에 비해 생산성 향상에 있어 주요한 역할을 한다는 것을 알 수 있다.

50 ②

통상적으로 Open-to-buy는 공개매수액 또는 매입가능단위라는 용어로 사용되고 있다. 최대재고량=(재주문기간+배달기간)×(판매율)+(안전재고)이고, 주문량=최대재고량−(현재재고량+주문량)이다. 그러므로 650만 원+500만 원에서 760만 원+120만 원을 차감한 270만 원이 된다.

51 ⑤

⑤ 합리모형은 개인적 의사결정과 조직상의 의사결정을 동일시한다.

52 ④

고유부품의 경우 현지에서 조달되기도 하며 내생품에 의존하기도 하는 등 국제적인 상황에 따라 유리한 방향으로 조절하여 많은 이윤을 창출하고자 한다.

53 ③

주문점=조달기간의 평균수요+95%의 서비스율 유지를 위한 재고량

조달기간의 평균수요=하루의 평균수요×(리드타임+점검주기)=8단위×(7일+4일)=88단위

95%의 서비스율 유지를 위한 재고량=점검주기 시 필요량−안전재고량=4일×8단위−20단위 =12단위

그러므로 주문점=88단위+12단위=100단위이며, 주문수량=100단위−55단위=45단위가 된다.

54 ②

재고회전율(inventory turnover)은 재고자산이 어느 정도의 속도로 판매되고 있는가를 나타내는 지표로 활용된다. 통상적으로 재고자산회전율이 높을수록 기업이 양호한 상태이며 이러한 비율이 낮다는 것은 재고자산에 과잉투자가 발생했음을 의미하게 된다. 그러므로 재고자산회전율이 낮은 기업은 수익성도 떨어지게 된다.

$$재고회전율 = \frac{매출액}{평균재고자산} = \frac{240,000}{80,000} = 3이 된다.$$

55 ①

구매담당자로 하여금 자신들이 매입한 제품을 판매하는 부서에서 함께 일해 보도록 하는 것을 현장순회지도라고 한다.

56 ⑤

유보가격(reservation price)은 소비자의 구매를 유보하게 만드는 가격이다. 즉 소비자들이 해당 상품에 대하여 기꺼이 지불하려는 용의가 있는 최고가격을 의미한다. 이에 따라 구매 전에 소비자가 생각하고 있던 유보가격보다 제시된 가격이 비싸면 소비자는 구매를 유보하게 된다.

57 ②

서비스는 생산과 동시에 소비가 이루어지는 데 이러한 특성을 비분리성이라고 한다.

58 ③

㉠은 접근가능성(accessibility)으로써 세분시장에 있는 소비자들에게 효과적으로 근접할 수 있어야 한다는 것이다. ㉡은 기혼 및 미혼이라는 차별성을 두는 것으로 이는 차별화 가능성을 의미한다.

59 ⑤

상층흡수 가격전략(skimming pricing policy)은 시장대응을 목적으로, 신제품을 시장에 도입하는 초기에 고가격을 설정하여 고소득층을 흡수하고, 점차 가격을 인하하여 저소득층에도 침투하려는 전략이다.

60 ②

$$목표판매량 = \frac{고정비 + 목표이익}{판매가격 - 단위 당 변동비}$$
$$= \frac{2억 원 + 1억 원}{5만 원 - 3만 원} = 15,000개$$

61 ②

소비자가 불만족의 원인을 외적 귀인(external attribution)을 하는 경우 즉 원인이 지속적이고 기업의 통제가 가능하거나 기업의 잘못이라고 생각하는 경우 소비자의 불만족은 커지게 된다.

62 ③

① 소비자들이 그 제품을 알지 못하거나 무관심한 상태는 무수요이다. 이 경우 수요의 창조를 위한 자극적 마케팅이 필요하다. ② 잠재수요는 아직 존재하지 않는 제품에 대한 욕구를 가지고 있는 상황으로 수요의 개발을 위한 개발적 마케팅이 필요하다. ④ 불건전 수요는 수요가 바람직하지 않다고 여겨지는 상황이다. 수요의 파괴를 위한 대항적 마케팅이 필요하다. ⑤ 초과수요는 수요수준이 공급자의 공급능력을 초과하는 상황이다. 수요의 감소를 위한 디마케팅이 필요하다.

63 ②

중앙집권적인 소매조직은 전체조직의 의사결정권한이 본사에 집중되어 있는 조직을 의미한다. 이 경우 본사는 하위조직이 판매할 제품의 일괄구매를 담당하고 하위조직은 본사의 방침에 따라 판매만을 담당한다. 공급업체로부터 제품을 대량 구매하므로 가격을 낮출 수 있어 규모의 경제를 실현할 수 있다. 그러나 지역적인 상황에 따른 대응능력이 취약하고, 지역시장의 취향에 맞는 상품조정능력이 떨어진다는 단점이 있다.

64 ⑤

매입처를 고정적인 것으로 생각하고 고정화된 발주를 하면 과소발주나 과대발주가 보편적으로 나타난다.

65 ①

제품이나 점포의 외형적 속성이나 특징으로 소비자에게 차별화를 부여하는 것은 제품속성 포지셔닝이다.

66 ⑤

보상적 권력은 원하는 보상을 해 줄 수 있는 자원과 능력을 갖고 있을 때 발생하는 권력을 의미한다.

67 ⑤

활동기준원가는 소비되어진 자원 등을 활동별로 집계해서 활동별로 집계된 원가를 제품에 분배하는 원가 시스템을 의미한다.

68 ③

개방적(집중적 또는 집약적) 유통전략은 가능한 한 많은 점포가 자사 제품을 취급하도록 하는 마케팅 전략이다. 이 전략은 제품이 소비자에게 충분히 노출되어 있고, 제품판매의 체인화에 어려움이 있는 일용품이나 편의품 등에 적용할 수 있다. 그러나 유통비용이 증가하고, 통제가 어렵다는 문제점이 있다.

69 ④

기능별 조직은 주로 단일제품이나 서비스를 생산 및 판매하는 소규모 기업 등에서 선호되는 형태이다.

70 ⑤

문제에 제시된 그림은 사업부제 조직을 나타낸 것이다. 사업부제 조직은 사업부내에 관리 및 기술 등의 스탭을 갖게 되므로 합리적인 정보수집 및 분석을 가능하게 해 준다.

71 ②

목표에 의한 관리는 개인과 조직의 목표를 명확히 규정함으로써 구성원의 목표를 상급자 및 조직전체의 목표와 일치하도록 하기 때문에 조직목표 달성에 효과적으로 기여한다는 것이다.

72 ⑤

재고관리는 품절이 발생하지 않도록 고객수요에 부응하면서도 적정량의 재고를 보유함으로써 재고비용을 절감하는 데 그 목표가 있다.

73 ④

판매물류는 물류의 최종단계로서 제품을 고객에게 전달하는 일체의 활동, 즉 물류센터의 운용, 제품의 수·배송 정보 네트워크의 운용 등이 그 관리대상이 된다.

74 ①

위 내용은 MBO(목표에 의한 관리)에 대한 내용이며, 그 한계점으로는 다음과 같다.
• 모든 구성원의 참여가 현실적으로 쉽지 않다.
• 신축성 또는 유연성이 결여되기 쉽다.
• 계량화할 수 없는 성과가 무시될 수 있다.
• 부문 간에 과다경쟁이 일어날 수 있다.
• 도입 및 실시에 시간, 비용, 노력이 많이 든다.
• 단기적 목표를 강조하는 경향이 있다.

75 ③

공급자주도 재고관리(VMI)는 CMI와 함께 지속적 상품보충 시스템(CRP)의 한 가지 방식이다. CR은 자동 재고보충 즉 유통업체가 제조업체와 전자상거래를 통해 상품에 대한 주문정보를 공유하고, 재고를 자동으로 보충·관리하는 것을 의미한다.
③ VMI는 재고관리에 중점을 둔 시스템으로 고객에 맞는 차별화된 서비스를 제공하려는 것이 아니다.

76 ①

보완적 평가방식은 각 상표에 있어 어떤 속성의 약점을 다른 속성의 강점에 의해 보완하여 전반적인 평가를 내리는 방식을 말한다. 보완적 평가방식은 가중치를 각 속성별 평가점수에 곱한 후에 이를 모두 더하여 종합 평가점수가 가장 높은 부문이 은영이가 선택하게 될 기차 편이 되는 것이다.
• KTX 산천 = $(40 \times 8) + (30 \times 5) + (20 \times 5) + (10 \times 3) = 600$
• 새마을호 = $(40 \times 3) + (30 \times 3) + (20 \times 5) + (10 \times 7) = 380$
• ITX 청춘 = $(40 \times 6) + (30 \times 7) + (20 \times 6) + (10 \times 5) = 480$
• 무궁화호 = $(40 \times 5) + (30 \times 5) + (20 \times 5) + (10 \times 5) = 500$
• 비둘기호 = $(40 \times 8) + (30 \times 2) + (20 \times 1) + (10 \times 2) = 420$

77 ④

지식경영 시스템은 조직의 인적자원이 쌓아 놓은 지식을 체계적으로 관리·공유함으로써 기업의 경쟁력을 높이기 위한 기업정보 시스템을 의미한다. 과거에는 의사결정 주체인 구성원이 조직을 떠나면 그가 가지고 있던 지식자원도 함께 없어져 기업의 손실이 컸다는 인식 하에 지식경영 시스템이 출발하게 되었다. 즉, 지식경영 시스템은 직원들이 자신이 가지고 있는 지식자원을 각종 문서로 작성·보유하게 하고, 입력된 다양한 정보를 체계적으로 정리·공유함으로써 업무에 활용하도록 하는 동시에 더 나아가 첨단기술과의 조합으로 조직 안에 축적되는 각종 지식과 노하우를 효율적으로 관리·활용하도록 하는 데 그 목적이 있다.

78 ③

①②④⑤는 화주(기업) 측면에서의 효과이며, ③은 사회·경제적 측면에서의 효과에 대한 내용이다.

79 ①

과거 산업사회에서는 상품의 소품종 대량생산 시스템이 지배적이었으나 오늘날의 정보화 사회에서는 소비자의 세분화된 욕구를 반영하여 다품종 소량생산 시스템으로의 전환이 이루어지고 있다.

80 ⑤

⑤는 고관여 제품에 관한 설명이다. 고관여 제품은 광고의 노출빈도는 많게, 도달범위는 좁게 하는 것이 효과적이고, 인적판매와 함께 제품의 품질향상에 신경을 써야 한다.

서 원 각

www.goseowon.co.kr